MAFALDA

TIRAS DE QUINO
EDICIONES DE LA FLOR

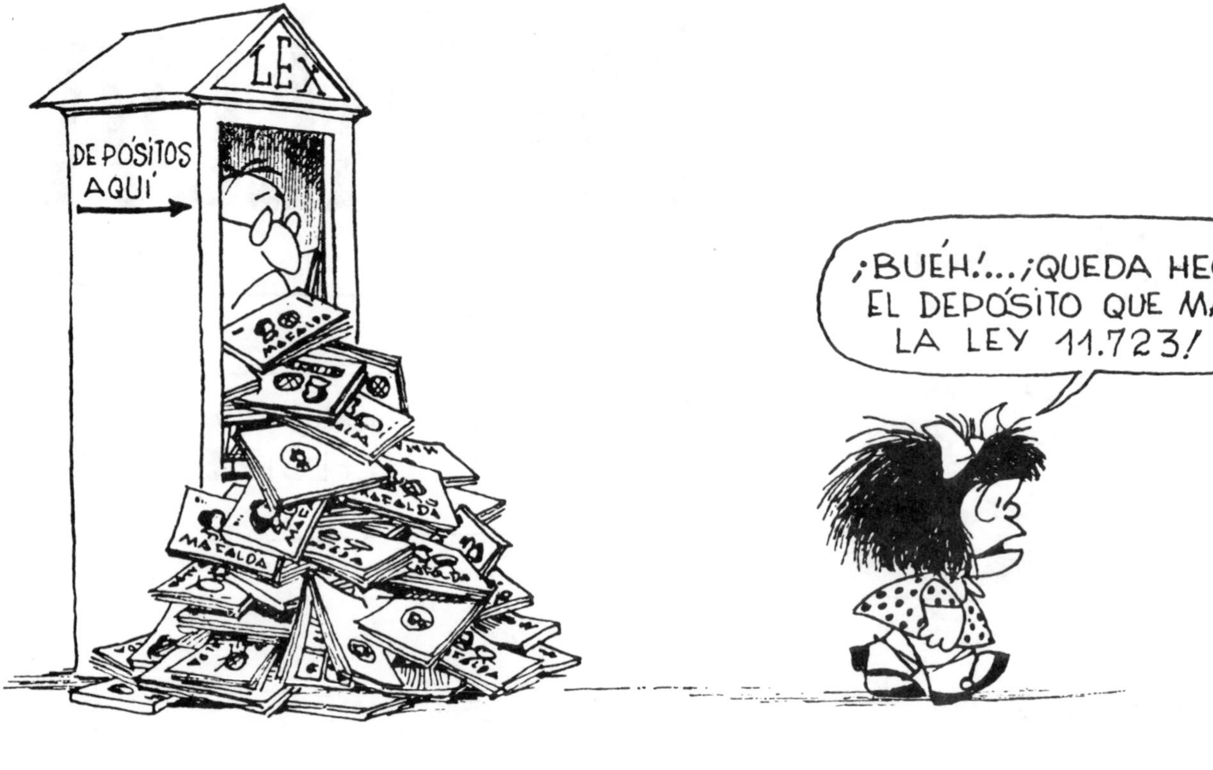
LEX
DEPÓSITOS AQUÍ
¡BUÉH!...¡QUEDA HECHO EL DEPÓSITO QUE MARCA LA LEY 11.723!

a Julián J.,
Miguel Brascó,
Alicia
y U-Thant

QUINO

LAS TIRAS QUE COMPONEN ESTE LIBRO APARECIERON, DE MARZO A DICIEMBRE DE 1965, EN LOS DIARIOS "EL MUNDO" DE BUENOS AIRES Y "CÓRDOBA" DE CÓRDOBA (¡CLARO!).

TAPA: ANA SIRINIAN

© EDICIONES DE LA FLOR, GORRITI 3695, C1172ACE BUENOS AIRES, ARGENTINA.

WWW.EDICIONESDELAFLOR.COM.AR

IMPRESO EN ARGENTINA-PRINTED IN ARGENTINA

ISBN 978-950-515-601-6

IN ÁRYENTAIN

© Joaquín Salvador Lavado (Quino)

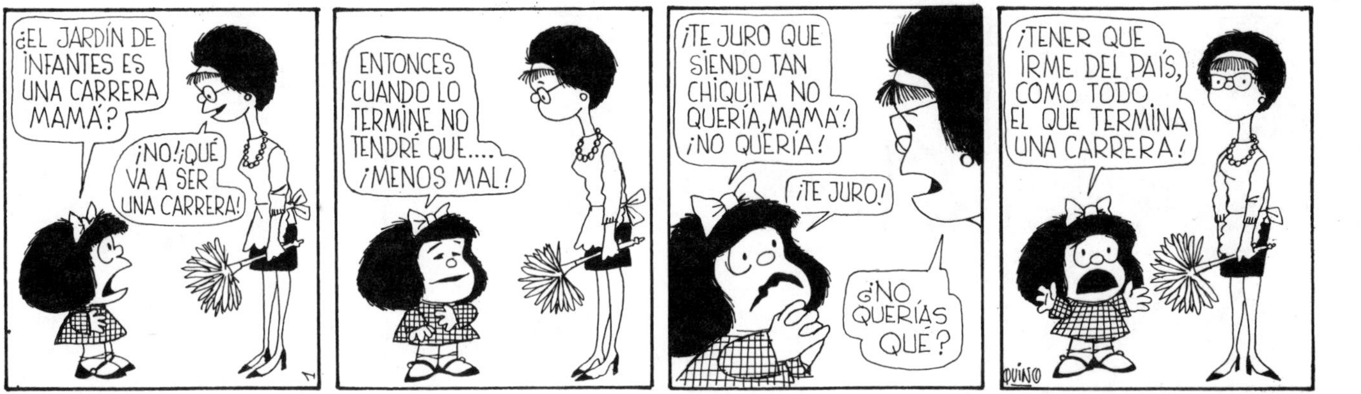
¿EL JARDÍN DE INFANTES ES UNA CARRERA MAMÁ?
¡NO! ¡QUÉ VA A SER UNA CARRERA!
ENTONCES CUANDO LO TERMINE NO TENDRÉ QUE.... ¡MENOS MAL!
¡TE JURO QUE SIENDO TAN CHIQUITA NO QUERÍA, MAMÁ! ¡NO QUERÍA!
¿NO QUERÍAS QUÉ?
¡TE JURO!
¡TENER QUE IRME DEL PAÍS, COMO TODO EL QUE TERMINA UNA CARRERA!
QUINO

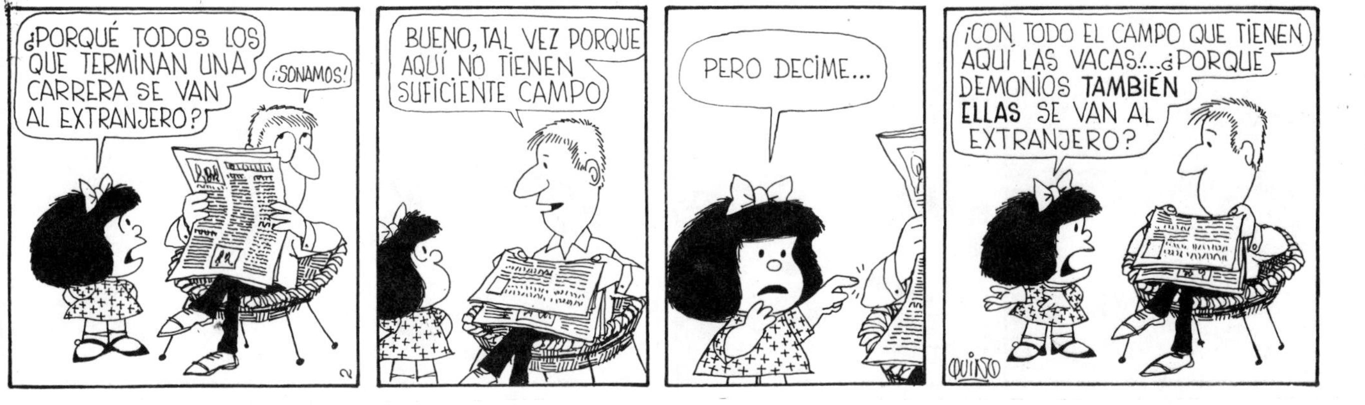
¿PORQUÉ TODOS LOS QUE TERMINAN UNA CARRERA SE VAN AL EXTRANJERO?
¡SONAMOS!
BUENO, TAL VEZ PORQUE AQUÍ NO TIENEN SUFICIENTE CAMPO
PERO DECIME...
¡CON TODO EL CAMPO QUE TIENEN AQUÍ LAS VACAS!...¿PORQUÉ DEMONIOS **TAMBIÉN ELLAS** SE VAN AL EXTRANJERO?
QUINO

¡ES HORRIBLE! ¡LA GENTE ESTUDIA, TERMINA SU CARRERA Y... ¡ZAS! SE VA AL EXTRANJERO!

¡COMO SIGAMOS ASÍ, ESTE PAÍS SE VA IR A...

...A...

.. ¡AL EXTRANJERO!

¿A VOS TE PARECE BIEN QUE LA GENTE DEJE EL PAÍS PARA TRABAJAR EN EL EXTRANJERO?

¡POR SUPUESTO!

¿ACASO CUANDO MI PAPÁ VINO AQUÍ NO DEJÓ SU PATRIA POR UN PAÍS EXTRANJERO?

PERO ¿SOS TONTO? ¡ÉSTE **NO ES** UN PAÍS EXTRANJERO!

¡HAY GENTE TONTA!

¡EXAGERACIONES TUYAS! ¡NO TODO EL QUE TIENE UN TÍTULO SE VA AL EXTRANJERO!

¿VOS CREES?

¡MIRÁ A LOS POLÍTICOS!.. ¡EL QUE NO ES ABOGADO ES INGENIERO, O MÉDICO.,

..O ARQUITECTO!...¡Y NO POR ESO SE VAN AL EXTRANJERO!

¡QUÉ LÁSTIMA!..

¿CÓMO ES QUE NO VAS AL JARDÍN DE INFANTES, MANOLITO?

PORQUE SOY MAS ÚTIL EN EL ALMACÉN DE MI PAPÁ

¿Y A LA ESCUELA **TAMPOCO** PENSÁS IR?

AHÍ SÍ, PORQUE APRENDERÉ ARITMÉTICA. SERÁ UN PRO- GRESO PARA EL ALMACÉN DE MI PAPÁ

"¡**PROGRESO!**"....¡PROGRESO SON LOS VIAJES ESPACIALES Y **NO** EL ALMACÉN DE TU PAPÁ!

¡PERO SI EL COSMOS TAMBIÉN ME INTE- RESA!.

TENGO EN VISTA SUCURSALES

¡PTUÁJ!

CREO QUE DEJÉ EL POMO DE TÉMPERA Y TRAJE EL DE DENTÍFRICO

¿ESTÁ TU MAMÁ?

¿DÓNDE LO PONE, SEÑORA?

EN EL LIVING, POR FAVOR.

¿Y A LA NENA?

DICCIONA-RIO

¡ASÍ NUNCA VAS A TERMINAR DE LEER UN LIBRO TAN GORDO!

HACER PINTAR LIBREMENTE A LOS CHICOS AYUDA A CONOCER A CADA UNO

PORQUE LA PINTURA DESCUBRE LA PERSONALIDAD....

¡YO DIRÍA QUE LA CUBRE!

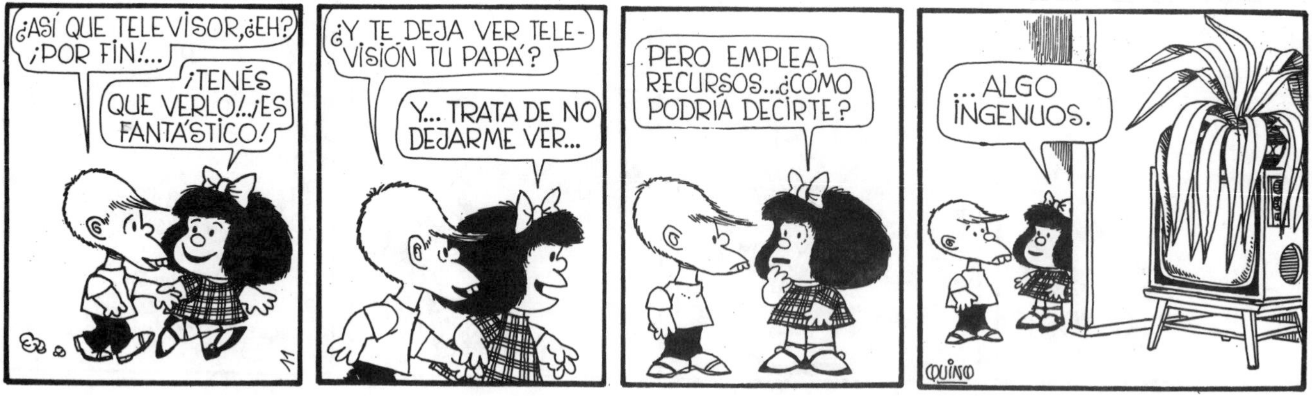
¿ASÍ QUE TELEVISOR, ¿EH? ¡POR FIN!...
¡TENÉS QUE VERLO!..¡ES FANTÁSTICO!
11
¿Y TE DEJA VER TELEVISIÓN TU PAPÁ?
Y... TRATA DE NO DEJARME VER...
PERO EMPLEA RECURSOS...¿CÓMO PODRÍA DECIRTE?
... ALGO INGENUOS.
QUINO

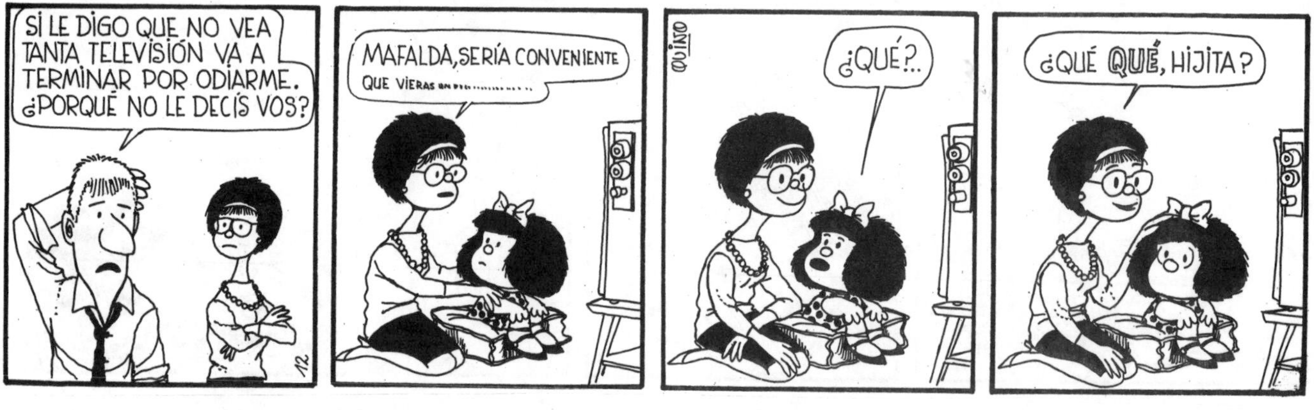
SI LE DIGO QUE NO VEA TANTA TELEVISIÓN VA A TERMINAR POR ODIARME. ¿PORQUÉ NO LE DECÍS VOS?
12
MAFALDA, SERÍA CONVENIENTE QUE VIERAS
QUINO
¿QUÉ?..
¿QUÉ QUÉ, HIJITA?

¿HAS PENSADO QUÉ VAS A SER CUANDO GRANDE?

¡UF!...HAY TIEMPO PARA ESO

¿HAY TIEMPO?...¿Y SI CUALQUIER DÍA SE ARMA UNA GUERRA ATÓMICA Y ESPICHAMOS TODOS? ¡LA HUMANIDAD DESPACHURRADA! ¡HORROR!

EN ESE CASO NO LLEGAREMOS A GRANDES

¡MIRÁ QUE SOS MACABRO,¿EH?..

QUINO

DECÍME,MANOLITO,¿VOS QUÉ PENSÁS DE LA GUERRA ATÓMICA?

PUES QUE NO HABRÁ

LA GUERRA ES UN NEGOCIO. Y LOS QUE LA HACEN SON BUENOS COMERCIANTES.

MI PAPÁ TAMBIÉN ES BUEN COMERCIANTE

ASÍ QUE LOS OTROS NO VAN A TIRAR BOMBAS PARA ROMPERLE EL ALMACÉN A MI PAPÁ

PODÉS ESTAR TRANQUILA. ENTRE BUEYES NO HAY CORNADAS.

QUINO

¿DÓNDE ESTAMOS NOSOTROS?

AQUÍ ¿VES?

PERO ENTONCES... ¡VIVIMOS CABEZA ABAJO!

Y... SÍ.

¡DIOS MÍO! ¡CREO QUE A PARTIR DE HOY SENTIRÉ MÁS **APEGO** POR ESTE SUELO!

¿QUE VIVIMOS CABEZA-ABAJO? ¿DE DÓNDE SACASTE ESA ESTUPIDEZ?

BASTA MIRAR UN GLOBO TERRÁQUEO

LOS DEL HEMISFERIO NORTE VIVEN CABEZA ARRIBA. Y NOSOTROS CABEZA-ABAJO

¡ABSURDO!

¡NO!.. ¿NO VES QUE LOS PAÍSES DESARROLLADOS SON **JUSTAMENTE** LOS QUE VIVEN CABEZA-ARRIBA?

¿Y ESO QUÉ PRUEBA?

QUE POR VIVIR CABEZA ABAJO, A NOSOTROS LAS IDEAS SE NOS CAEN!.

¡VAMOS A REFUTARLE A MAFALDA SU TEORÍA DE QUE SOMOS SUBDESARROLLADOS POR VIVIR CABEZA-ABAJO!

¡SI AL PAPÁ DE MANOLITO SE LE CAYERAN LAS IDEAS DESARROLLISTAS, NO TENDRÍA UN ALMACÉN TAN PRÓSPERO!

¡CLARO!

PORQUE NACIÓ EN ESPAÑA, CABEZA-ARRIBA

¡PERO MANOLITO NACIÓ AQUÍ, Y A ÉL TAMPOCO SE LE CAEN LAS IDEAS!

TOC TOC

SE EXPLICA PERFECTAMENTE

¿VES, FELIPE? EN REALIDAD NO ES QUE LOS ADULTOS CREZCAN

SIMPLEMENTE LLEVAN MÁS TIEMPO QUE NOSOTROS VIVIENDO CABEZA-ABAJO

Y LÓGICAMENTE, EL PESO DE LA CABEZA LOS VA ESTIRANDO.

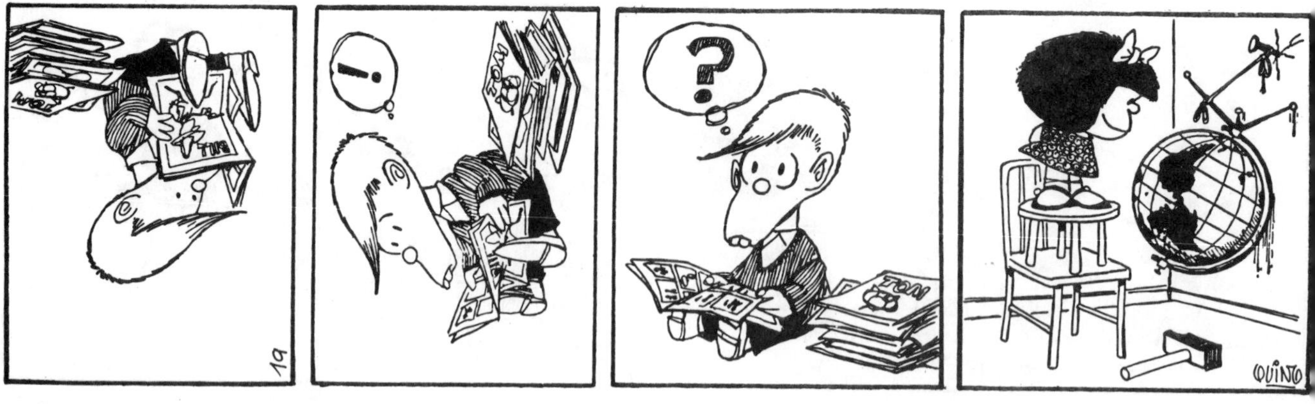
19
QUINO

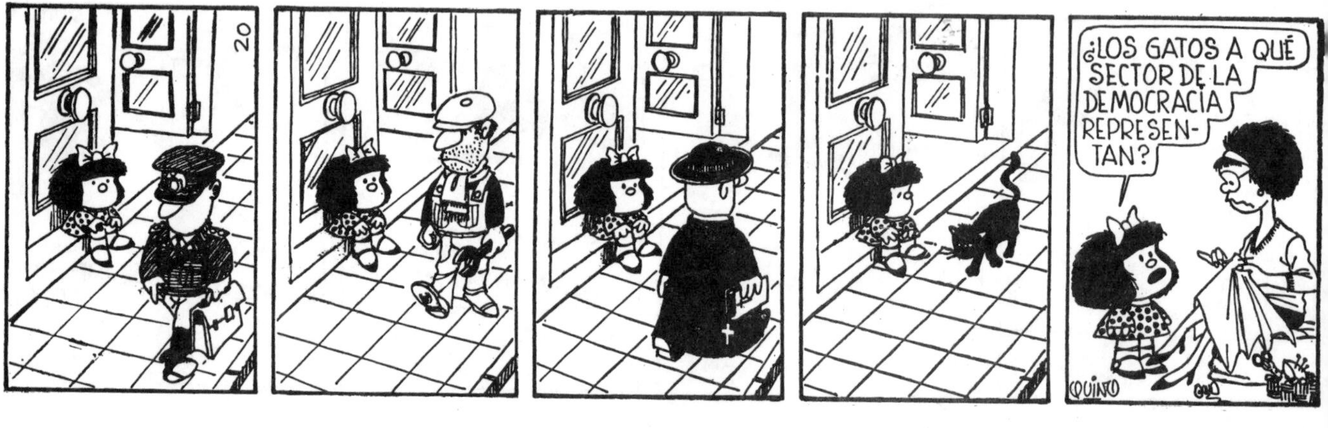
20
¿LOS GATOS A QUÉ SECTOR DE LA DEMOCRACIA REPRESEN-TAN?
QUINO

¿A QUÉ JUEGAN, CHICOS?

AL GOBIERNO

BUENO, ¿A NO HACER LÍO ¿EH?

DESCUIDÁ, **NO VAMOS A HACER ABSOLUTAMENTE NADA**

¿ASÍ QUE LOS CHICOS HAN FORMADO UN GOBIERNO?

SÍ, Y MAFALDA ES EL PRESIDENTE

SOSPECHO QUE AHORA DEBE ESTAR JUGANDO A CUALQUIER OTRA COSA

¡MAFALDA, LEVANTÁ LA TRICOTA QUE DEJASTE TIRADA!

¡NO TENGO PORQUÉ OBEDECER A NADIE, MAMÁ; YO SOY UN PRESIDENTE!

¡Y YO SOY EL BANCO MUNDIAL, EL CLUB DE PARÍS Y EL FONDO MONETARIO INTERNACIONAL!

HAY QUE RECONOCER QUE ESTUVO ASTUTA

¡ARRORRÓ MI NEEENE, ARRORRÓ MI SOOOL!...

¡EH! ¿YA NO SOS MÁS PRESIDENTE, MAFALD...!

¡SSSHHH!.. ¿CÓMO QUE NO?

¿NO VES QUE ACÁ DUERMEN TODOS LOS PROYECTOS DE GOBIERNO?

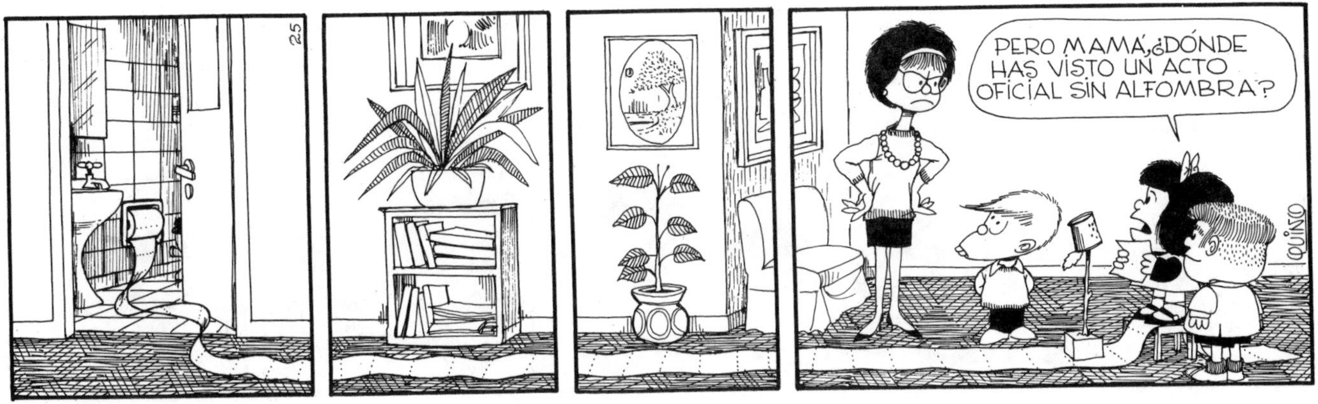
25
PERO MAMÁ, ¿DÓNDE HAS VISTO UN ACTO OFICIAL SIN ALFOMBRA?
QUINO

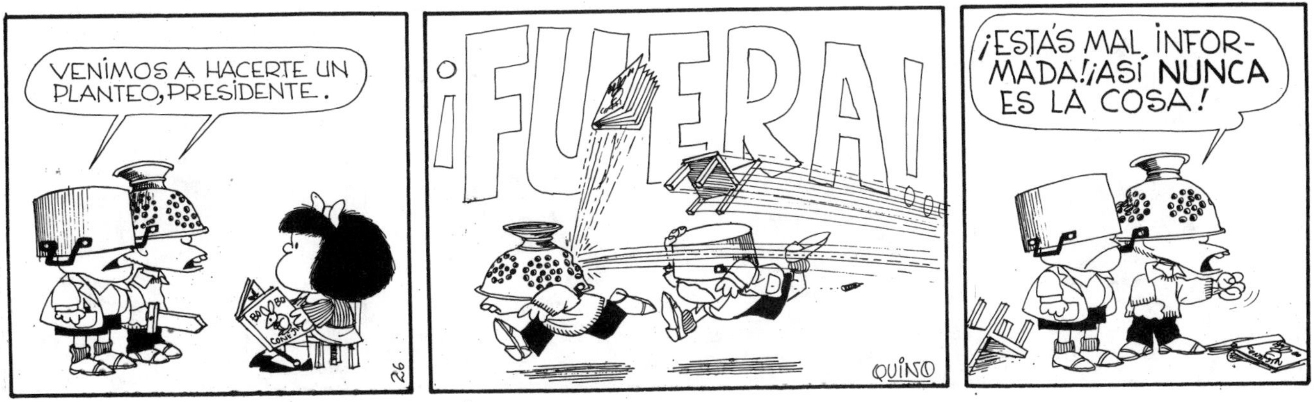
VENIMOS A HACERTE UN PLANTEO, PRESIDENTE.
26
¡FUERA!
QUINO
¡ESTÁS MAL INFORMADA! ¡ASÍ NUNCA ES LA COSA!

¡NO SÉ QUÉ ME PASA HOY! ¡ANDO CON EL ÁNIMO POR EL SUELO!

¡QUÉ TRISTE DESTINO PARA UN ÁNIMO!

¡TENÉS QUE TOMARLA! ¡LOS QUE NO TOMAN LA SOPA NO CRECEN NUNCA!

¡Y SE QUEDAN SIEMPRE NIÑITOS, Y NUNCA LLEGAN A SER GRANDES!

¡QUÉ TRANQUILIDAD REINARÍA HOY EN ESTE MUNDO SI MARX NO HUBIERA TOMADO LA SOPA!

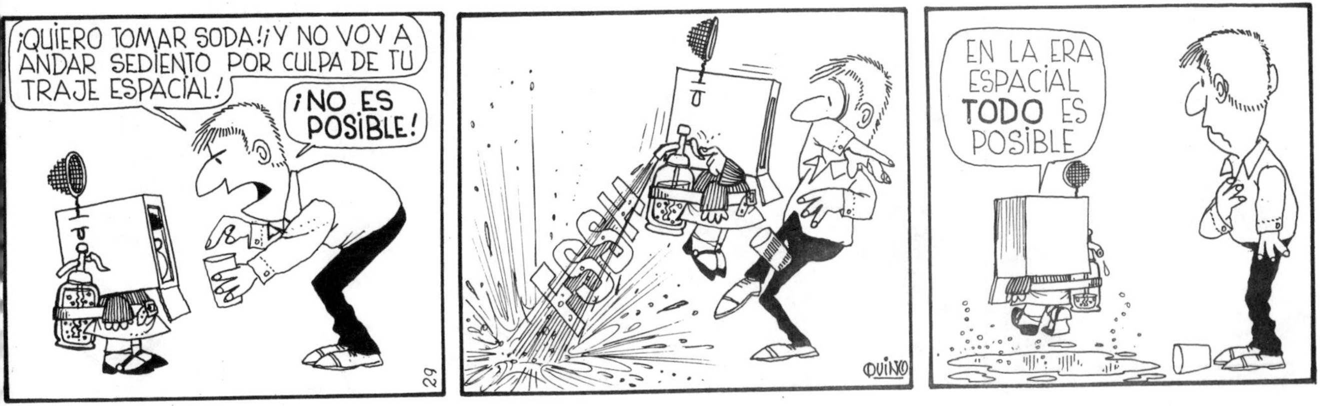
¡QUIERO TOMAR SODA! ¡Y NO VOY A ANDAR SEDIENTO POR CULPA DE TU TRAJE ESPACIAL!
¡NO ES POSIBLE!
29
EN LA ERA ESPACIAL **TODO** ES POSIBLE
QUINO

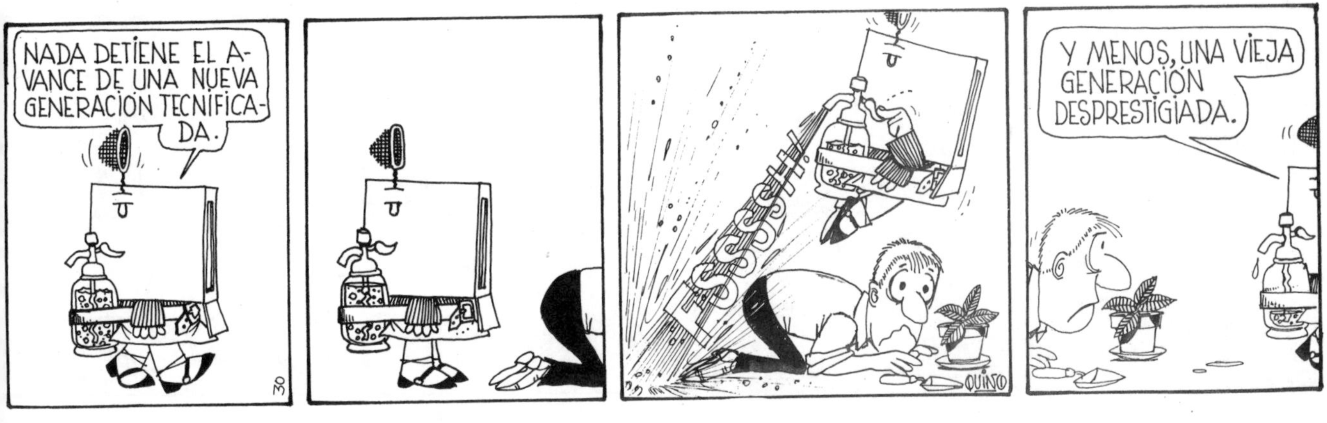
NADA DETIENE EL AVANCE DE UNA NUEVA GENERACIÓN TECNIFICADA.
30
Y MENOS, UNA VIEJA GENERACIÓN DESPRESTIGIADA.
QUINO

¡SORPRENDENTE!

¡NUNCA PENSÉ QUE UN SIFÓN BRINDARA ESTAS POSIBILIDADES TÉCNICAS!

¡Y COMERCIALES!... ¡ESTO PUEDE LLEVAR LA COTIZACIÓN DEL ARTÍCULO A NIVELES MUY INTERESANTES!

¿!?!

¡LAS GENERACIONES SON TUERTAS SI LES FALTA EL OJO COMERCIAL!

¡VAS A VER!...¡CON ESTA IDEA MÍA, EL LANZAMIENTO SERÁ ESTUPENDO.

...CUATRO,... ...TRES,... ...DOS,... ...UNO,...

¡CERO!

FSSH!

SERÉ CURIOSA, FELIPE... ¿QUÉ SIGNIFICA PARA VOS LA PALABRA ESTUPENDO?

¡VOS Y TUS VUELOS A CHORRO! ¡COMO SI NO HUBIERA YA BASTANTE QUE FREGAR EN LA CASA!

¿NO SOS FELIZ FREGANDO?

¡NO!

ESTÁ BIEN. NO DARÉ MÁS SIFONAZOS...

SIN SENTIR UN REMORDIMIENTO TERRIBLE POR HACERLO.

¡PARECE QUE LA SOLIDARIDAD MORAL YA NO CONVENCE A NADIE!

¡ALLÁ VOY!.. ¡RUMBO AL INFINITO!

¿?

¡ALLÁ VOY!.. ¡RUMBO AL INFINITO!..

¡TE AVISO, MAFALDA: MI PACIENCIA TIENE UN LÍMITE!..

EL INFINITO TAMBIÉN..

FSSSHH!
FSSSSH!

¡¿!?

NO, MANOLITO. YA TE DIJE QUE NO.

NO SEAS ASÍ, MAFALDA, ACEPTÁ EL CARAMELO QUE MANOLITO TE OFRECE

ESTÁ BIEN, LO ACEPTO

PERO A FIN DE MES TE ARREGLÁS VOS CON ÉL, ¿EH?

¿POR QUÉ LA T.V. Y LA RADIO HABLARÁN TANTO DEL VIETNAM?

¡QUÉ SÉ YO!...

ES UNO DE ESOS LÍOS QUE ARMA LA GENTE GRANDE, ASÍ QUE DEJÁ QUE LO SOLUCIONE LA GENTE GRANDE.

VOS QUE SOS GRANDE, MAMÁ, DECIME: ¿QUÉ LÍO ES ÉSE DEL VIETNAM?

Y...ESTEE...BUENO...¡JÉ-JÉ!...ES ...¡UN LÍO!...¡CUANDO LLEGUE PAPÁ PREGUNTALE A ÉL!

TOMÁ, FELIPE. PARA QUE ESPERÉS LAS SOLUCIONES DE LA GENTE GRANDE, ¿EH?

¡QUÉ DÍA MALDITO!; ¡CON EL MALHUMOR DEL JEFE Y ESE CONDENADO BALANCE, ESTOY QUE EXPLOTO!

¡MENOS MAL QUE UNO LLEGA A CASA Y SE OLVIDA DEL MUNDO!

¡HOL....

¡TE ESPERABA, PAPÁ! QUIERO SABER QUÉ LÍO ES ESE DEL VIETNAM ¡EXPLÍCAME!

DÉLE QUINCE GOTAS EN UNA TAZA DE TILO BIEN CARGADO Y SI NO SE LE PASA VUELVA A VERME

NERVO CALM

¡PERO MAFALDA, AUNQUE YO TE EXPLICARA LO DEL VIETNAM, VOS NO LO ENTENDERIAS!

¡CLARO!..¡COMO SOY OPA!..

¡NO ES QUE SEAS OPA! ¡ES QUE NO ES UN PROBLEMA PARA NIÑOS!

¿AH, NO?

¡NO!

¿Y SI ME LO EXPLICAS SIN LAS PARTES PORNOGRAFICAS?

¿QUÉ NO?..¡ANDÁ Y HACÉ LA PRUEBA, ENTONCES!

PEDÍ EN TU CASA QUE TE EXPLIQUEN QUÉ PASA EN VIETNAM...¡VAS A VER CÓMO TE SALEN HABLANDO DE LA CIGÜEÑA!

¡PERO QUÉ DEMONIOS TIENE QUE VER LA CIGÜEÑA CON VIETNAM?

NO SÉ..

..PERO CUANDO LOS PADRES NO SABEN CÓMO EXPLI-CARTE ALGO, SEGURO QUE HAY UNA CIGÜEÑA DE POR MEDIO!

ESCUCHANDO LA RADIO SE ME HA ACLARADO ALGO EL LÍO DE VIETNAM

¿AH, SÍ?

41

¡SÍ! PARECE QUE POR UN LADO ESTÁN "LOS NORTEAMERICANOS", ¿NO?, Y POR EL OTRO LOS "NORVIETNAMITAS". DESPUÉS ESTÁN LOS "SURVIETNAMITAS", QUE...

...LUCHAN CONTRA EL "VIETCONG", ÉSTE PELEA CONTRA LOS "ESTADOUNIDENSES", LOS QUE, A SU VEZ, ESTÁN CONTRA LOS "COMUNISTAS" TAMBIÉN ESTÁ "LA UNIÓN", Y LUEGO "LOS ROJOS" QUE...

¡SOCORRO!...

¿VOS ME DIJISTE AYER QUE EN VIETNAM LUCHAN LOS NORTEAMERICANOS?

SÍ

42

¡QUÉ CASUALIDAD! EN MIS REVISTAS DE HISTORIETAS TAMBIÉN LUCHAN SIEMPRE ELLOS

¿LUCHAN CONTRA LOS ROJOS?

BUENO,... CONTRA LOS PIELES ROJAS

¡MIRÁ POR DÓNDE VIENE A ENTERARSE UNO DE QUE LOS INDIOS SON COMUNISTAS!

QUINO

¡ES TERRIBLE VER QUE A LA GENTE LE IMPORTA MÁS CUALQUIER SERIE DE T.V. QUE EL LÍO DE VIETNAM!

Y BUENO..

SERA TERRIBLE, PERO TAMBIÉN ES LÓGICO.

¿POR QUÉ?

PORQUE A LA GENTE EN REALIDAD NO LE INTERESA UNA LUCHA ENTRE MALOS Y BUENOS..

..SI NO SABE CÓMO SE LLAMA "EL MUCHACHO".

¿TE PUEDO HACER UNA PREGUNTA, PAPÁ?

¡NO!

¡TUS PREGUNTAS SIEMPRE TRAEN PROBLEMAS! ¡YA LAS CONOZCO!

¡BUENO, BUENO!.. ¡ESTÁ BIEN!..

¡TE QUEDARÁS CON LA DUDA DE QUÉ ES LO QUE QUERÍA PREGUNTARTE!

¡SIEMPRE SERÁ MEJOR!

¿MAFALDITA? ¿DORMÍS?

¡CÓMO, MANOLITO!... ¿EN ESTA ÉPOCA Y CON SANDALIAS?

ES QUE EN EL ALMACÉN ESTAMOS DE INVENTARIO

Y COMO PARA TODO LO QUE HAY QUE CONTAR NO ME BASTAN LOS DEDOS DE LAS MANOS, ME PONGO...

...ÉSTAS, QUE MÁS QUE SANDALIAS PARA MÍ SON UNA I.B.M.

..."DEBEMOS PROTEGER A LA NIÑEZ, PORQUE LOS NIÑOS SON EL FUTURO DE LA PATRIA."

¡PUES ESTÁ FRITA LA PATRIA CON UN FUTURO TAN CHIQUITO!...

¡ES UNA BARBARIDAD!/... ¡UN ESCÁNDALO!/...

¡CON ESTOS PRECIOS NO HAY DINERO QUE ALCANCE!/... ¡¡YO NO SÉ DÓNDE VAMOS A PARAR!!

¡IR AL MERCADO TE INSPIRA, MAMÁ! ¡¿CÓMO SE TE OCURREN ESAS FRASES TAN, PERO TAN ORIGINALES?

LA INFLACIÓN VUELVE SUSCEPTIBLE A LA GENTE

BUEEEEENOOO...... ME VOY A HACER LOS DEBEEEERES...

¿QUÉ ESPERÁS? ¡TENÉS QUE HACERLOS ¿NO?

LA VOLUNTAD DEBE SER LA ÚNICA COSA DEL MUNDO QUE CUANDO ESTÁ DESINFLADA NECESITA QUE LA PINCHEN

QUINO

¡SIEMPRE CON ESOS CHICOS!...¡A MAFALDA LE CONVENDRÍA TENER AMIGUITAS!...

¡CLARO!...¡HAY QUE VER SI Á LAS AMIGUITAS LES CONVENDRÍA TENER A MAFALDA

¿HABLAN DE PLANTAS EN ESE PROGRAMA?

SÍ

PERO DE PLANTAS FABRILES

¿QUIÉN PUEDE SENTIR SIMPATÍA POR PLANTAS QUE SE RIEGAN CON DINERO?

¿QUÉ DEMONIOS ES ESO, FELIPE?

UN YÓ-YÓ

¿UN VOS-VOS?

¡NO! ¡UN "YÓ-YÓ"!

¡AH!..¿UN FELIPE-FELIPE?

¡NO! NO ES YO DE "YO" SE LLAMA "YÓ-YÓ" ¿ENTENDÉS? "YÓ-YO", "YO-YO"

¡EGOCÉNTRICO!

QUINO

¡ASÍ VA A PROGRESAR MUCHO, ESTE PAÍS!

¡OTRO!..

¿VOS TAMBIÉN DALE QUE DALE AL CHIRIMBOLO ESE? ¿QUÉ SENTIDO TIENE? ¿EH?

SENTIDO COMERCIAL

QUINO

¡CHICOS! SU YO-YO ESTÁ EN ALMACÉN DON MANOLO

....¡Y ADEMÁS ES NO TENER PERSONALIDAD, PORQUE **TODO EL MUNDO** ANDA CON UN YO-YÓ!

¡SÍ, PERO CADA CUAL LO USA DE ACUERDO A **SU** PERSONALIDAD!

¿AH SÍ? ¡UN EJEMPLO! ¡A VER UN EJEMPLO!

BUENAS...

MIRÁ, FELIPE. AL FINAL YO TAMBIÉN ME COMPRÉ UN YO-YÓ. ¿QUERÉS PROBARLO?

¿A VER?...

!

BUP!

¡CAÍSTE! ¡CAÍSTE!..

¿ASÍ QUE FUISTE VOS EL QUE LE VENDIÓ UN ALFAJOR A MAFALDA?

DECÍME, ¿CUANDO VOS ERAS CHICO TAMBIÉN JUGABAS AL YO-YO?

¡POR SUPUESTO, Y NO, HABÍA QUIÉN ME GANARA!

¡BUAAAA!...

¡MAFALDITA! ¿QUÉ TENÉS? ¿PORQUÉ LLORÁS?

¡PORQUE SI ESTA GENERACIÓN SALE COMO LA TUYA, ESTAMOS FRITOS!

¡BUAAAA!...

¿COMO PUEDE GUSTARTE JUGAR AL YO-YO, MANOLITO?

NO JUEGO AL YO-YÓ

¿VES? ESTO NO ES UN YO-YO. ES LA BOLSA. MIRÁ CÓMO SUBEN Y BAJAN LAS ACCIONES

Y LO BUENO ES QUE UNO MANEJA EL ASUNTO SEGÚN LE DA LA GANA, COMO VERÁS, NO JUEGO AL YO-YÓ

SINO A QUE SOY «ROQUE FÉLER»

¡QUÉ CUADRO LAMENTABLE!

¡TIC!

¿

¡TIC!

¡DIOS MÍO! ¡CREO QUE HE CONTRAÍDO LA TELEPATÍA!

57

MANOLITO, TE NECESITAMOS PARA UN EXPERIMENTO TELEPÁTICO

¿UN EXPERIMENTO QUÉ?

TELEPÁTICO. SE TRATA DE SABER SI MAFALDA LOGRA CAPTAR EL PENSAMIENTO.

DALE, PENSÁ ALGO

BUENO...

58

...YO PIENSO QUE EL

¡PERO NO!... ¡NO TENÉS QUE DECIR QUÉ PENSÁS!..

¿Y PORQUÉ NO? ¡ESTAMOS EN UNA DEMOCRACIA, ¿NO? ¿PORQUE NO PUEDO DECIR LO QUE PIENSO, EEH?

¡CUANDO HAY LIBERTAD DE PENSAMIENTO HAY DEMOCRACIA, Y LAS IDEAS NO SE MATAN, Y....

¡DIOS MÍO!

QUINO

¿Y SI EN UNA DE ÉSAS RESULTA QUE **YO** TENGO PODERES TELEPÁTICOS?

VEAMOS: ¿EN QUÉ IRÁ PENSANDO ESE PERRITO?

PENSÁ EN ALGO, FELIPE, A VER SI PUEDO CAPTARLO TELEPÁTICAMENTE

VEAMOS...

¿ESTÁS PENSANDO NADA MÁS QUE EN UN RAQUÍTICO PUNTITO?

NO ES UN PUNTITO, SINO UN LEÓN.... CLARO QUE VISTO DE LEJOS, POR LAS DUDAS.

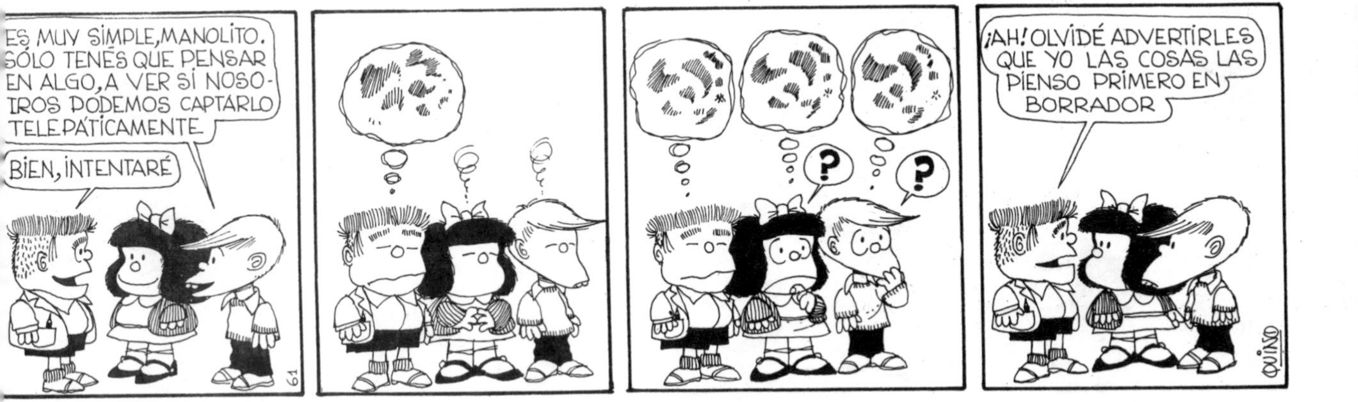
ES MUY SIMPLE, MANOLITO. SÓLO TENÉS QUE PENSAR EN ALGO, A VER SI NOSOTROS PODEMOS CAPTARLO TELEPÁTICAMENTE
BIEN, INTENTARÉ
61
¡AH! OLVIDÉ ADVERTIRLES QUE YO LAS COSAS LAS PIENSO PRIMERO EN BORRADOR
QUINO

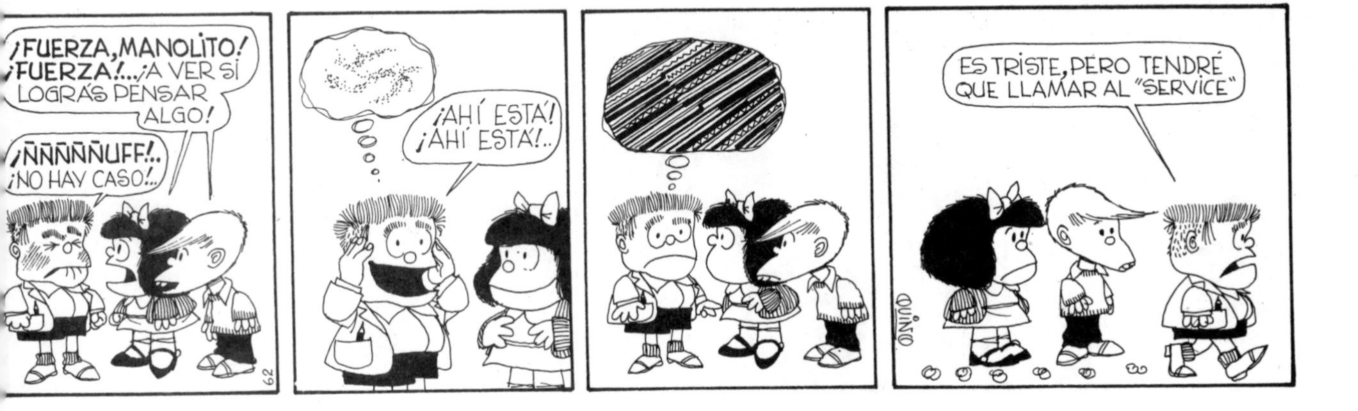
¡FUERZA, MANOLITO! ¡FUERZA!... ¡A VER SI LOGRÁS PENSAR ALGO!
¡ÑÑÑÑÑUFF!.. ¡NO HAY CASO!..
62
¡AHÍ ESTÁ! ¡AHÍ ESTÁ!..
QUINO
ES TRISTE, PERO TENDRÉ QUE LLAMAR AL "SERVICE"

¡MAFALDA!... ¿QUÉ SIGNIFICA ESE TENEDOR EN LA CABEZA?

TELEPATÍA SIN HILOS

CON ESTA ANTENA TELEPÁTICA SERÁ FÁCIL CAPTAR TU PENSAMIENTO. INTENTÁ PENSAR ALGO, ¿EH?

PROCURARÉ. A VER...

¡AHÍ ESTÁ!... ¡PENSÁS EN UN PLATO DE FIDEOS!

¿YOOO? ¡PERO SI NO PENSÉ EN NADA!

ENTONCES ÉSTE PIENSA POR SU CUENTA

63

¡FELIPE!... ¡MIRÁ, LO QUE ENCONTRÉ EN ESTA REVISTA!

64

¿Y ÉSE QUIEN ES?

¡CÓMO!...

¡EL DIOS DE LA TELEPATÍA, HOMBRE!

¡AAAAAAH!...

¡NO PUEDE SER, FELIPE! ¡NO PUEDE SER!

¡Y DALE!..¡TE LEO LA LISTA, ASÍ TE CONVENCÉS!

"ASOCIACIÓN PRO AYUDA AL LACTANTE"-"LIGA PRO AYUDA AL DESVALIDO"- "ASOCIACIÓN PRO AYUDA A LA ANCIANIDAD"-"ASO-CIACIÓN PRO AYUDA AL..."

65

¡BASTA! ¡TE CREO! ¿O SEA QUE NO HAY NINGUNA?

ASÍ ES...

...NO EXISTE NINGUNA "ASOCIACIÓN PRO AYUDA AL TELEPÁTICO".

¡QUÉ INSENSIBILIDAD SOCIAL!

66.

"THE BOYS ARE IN THE CLASSROOM. TELL ME, JOHN: ARE THE BOYS IN THE LIVING-ROOM? —NO, SIR. THE BOYS ARE IN THE CLASS-ROOM"

¡TROPAS EXTRAN-JERAS HAN INVA-DIDO EL PAÍS Y OCUPADO LAS RADIOS!

"Y ASÍ TERMINA UNA LECCIÓN MÁS DE NUESTRO CURSO RADIAL 'APRENDAMOS INGLÉS'."

¡ALARMISTAS!

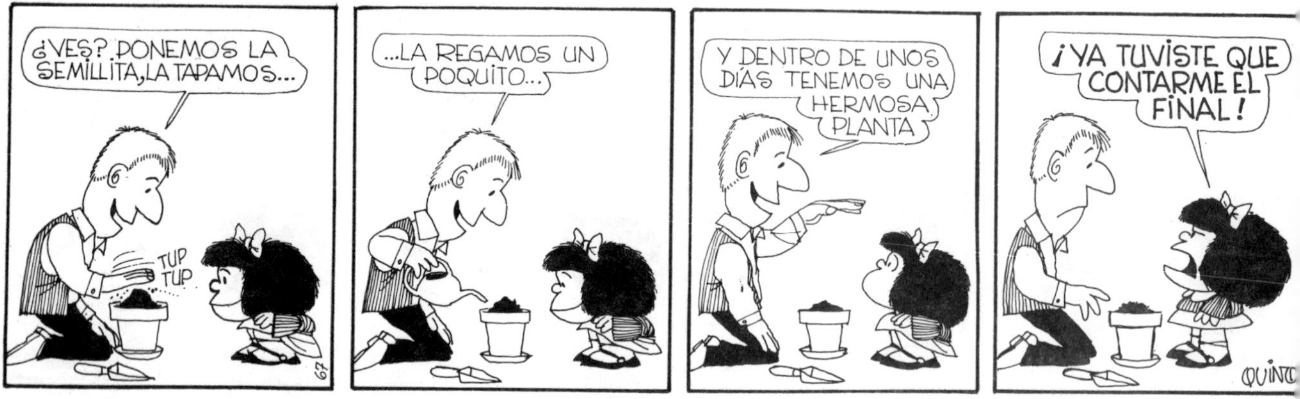
¿VES? PONEMOS LA SEMILLITA, LA TAPAMOS...
TUP TUP
...LA REGAMOS UN POQUITO...
Y DENTRO DE UNOS DÍAS TENEMOS UNA HERMOSA PLANTA
¡YA TUVISTE QUE CONTARME EL FINAL!
67
QUINO

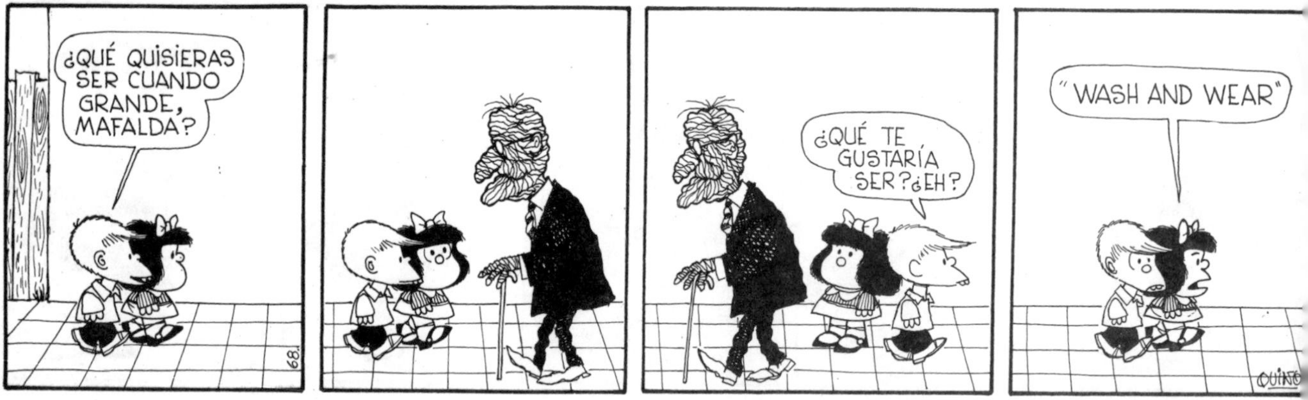
¿QUÉ QUISIERAS SER CUANDO GRANDE, MAFALDA?
¿QUÉ TE GUSTARÍA SER? ¿EH?
"WASH AND WEAR"
68.
QUINO

¿SABÉS POR QUÉ LOS BILLETES VIENEN TAN PLANCHADITOS ÚLTIMAMENTE? ¡PORQUE SON "WASH AND WEAR"!

¿"WASH AND WEAR"? LOS BILLETES NO SON "WASH AND WEAR"; SON "BEST-SELLERS"

¡BEST-SELLERS SON LOS LIBROS, HOMBRE!

¿Y PORQUÉ NO LOS BILLETES? ¡SI SON DE LO QUE MÁS EJEMPLARES SE IMPRIMEN Y LAS EDICIONES QUE MÁS PRONTO SE AGOTAN!

69

¿SABÍAS QUE SE IMPRIMEN MÁS EJEMPLARES DE BILLETES QUE DE CUALQUIER OTRA COSA?

NO

PUES ASÍ ES LA COSA. LOS BILLETES SON EL "BEST-SELLER" DEL AÑO

70

ENTONCES ESE SEÑOR QUE APARECE EN LOS BILLETES...

¿ES JAMES BOND?

PENSÁNDOLO BIEN, ES MONSTRUOSO QUE SE IMPRIMAN MÁS BILLETES QUE LIBROS

¡ALGÚN DÍA SE DARÁ MÁS VALOR A LA CULTURA QUE AL DINERO!

¿NO SON ALGO INGENUAS TUS IDEAS, FELIPE?

¡INGENUAS NO! ¡SON PELIGROSAS!

TUS IDEAS SON MUY LOABLES, FELIPE, PERO UN POCO INGENUAS

¿ES INGENUO PRETENDER QUE LA GENTE APRECIE MÁS LA CULTURA QUE EL DINERO?

¿NO SERÍA HERMOSO EL MUNDO SI LAS BIBLIOTECAS FUERAN MÁS IMPORTANTES QUE LOS BANCOS?

¡NO! ¡PEDAZO DE EXTREMISTA!

PAPÁ, ¿QUÉ QUIERE DECIR ESO DE QUE EL MUNDO ES DE LOS AUDACES?

QUE QUIENES ENCARAN LA VIDA CON INTREPIDEZ Y VALOR, SON DUEÑOS DEL MUNDO

¡SALUTE! ¡DUEÑOS DEL MUNDO!

Y VOS NUNCA ESCRITURASTE, ¿NO?

¿EN SERIO, FELIPE? ¿DE VERDAD TU PAPÁ TE REGALÓ UN JUEGO DE AJEDREZ?

SÍ

¿Y SABÉS JUGAR?

¡JHA'!... ¡LA PREGUNTA! ¡CLARO!

NO JUEGO TAN BIEN COMO NAJDORF, POR SUPUESTO

ÉL DEBE TENER MUCHO MEJOR PUNTERÍA

¡HÍCO! ¡HÍCO! ¡ARRE!

¡ÑK! ¡ÑK! ¡CLOP-CLOP! ¡CLOP-CLOP!

¡SOOOOOOOO! ¡QUIET-TOOO! ¡SSSHHHHH!

¡TOMÁ, YO NO VEO QUE TU JUEGO DE AJEDREZ TENGA NADA DE CIENTÍFICO!

SÍN EMBARGO, A MÍ ME DIJERON

MÍ PAPÁ ME EXPLICÓ CÓMO ES ESTO DEL AJEDREZ. PRIMERO VAN LOS PEONES, EN ESTA LÍNEA....

AJHÁ

...DESPUÉS, EN ESTA OTRA, VAN EL REY, LA REINA Y.....

¡CÓMO!...¡NO, NO, NO!...DEBE SER AL REVÉS

PRIMERO EL REY Y LA REINA, Y DESPUÉS LOS PEONES

¡NO, MÍ PAPÁ ME DIJO QUE PRIMERO LOS PEONES!

¿ES SOCIALISTA TU PAPÁ? ¿EHÉ? ¿A QUE ES SOCIALISTA!... ¿NO?...¡ES!....¿EHÉ? ¡ES SOCIALISTA! ¿NO ES VERDAD? ¿EHÉ?

¡TE EXPLICO CÓMO SE JUEGA, PERO NADA DE INTERRUPCIONES! ¿PROMETIDO?

PROMETIDO

BUENO, ÉSTA ES LA REINA ¿VES?. LA REINA SE MUEVE PARA TODOS LADOS

¡DESCOCADA! ¡SEXY DE PORQUERÍA!

NO, FELIPE... ..NO ABRIRÉ LA BOCA.. ....LO JURO...FELIPE.. ...FELIPITO...

¡NO, NO!...¡A VOS NO! ¡ME HARÉ MENOS MALA SANGRE EXPLICÁNDOLE A MANOLITO!

...Y LOS ALFILES SE MUEVEN ASÍ Y ASÍ, Y LOS CABALLOS SE MUEVEN ASÍ, Y LAS TORRES SE MUEVEN ASÍ, Y LOS PEONES SE MUEVEN ASÍ.

¿

¿Y POR DÓNDE SE LE COLOCAN LAS PILAS?

NO SEAS ASÍ, FELIPITO. EXPLÍCAME. JURO NO INTERRUMPIRTE

¡ASÍ LO ESPERO!

BIEN. ÉSTE ES EL REY. EL REY PUEDE COMER PARA ADELANTE, PARA ATRÁS, PARA LOS COSTADOS... ¡EN FIN!, COME PARA TODAS PARTES.

LOS PEONES, EN CAMBIO, SÓLO PUEDEN COMER NADA MÁS QUE

¿VES? ¿VES?

¡DESPUÉS SE EXTRAÑAN DE QUE AVANCE EL COMUNISMO!

"...RESPONDER SENCILLA Y CLARAMENTE A LAS PREGUNTAS DE LOS HIJOS ACRECIENTA LA COMUNICACIÓN Y LA CONFIANZA DE ESTOS HACIA SUS PADRES"

¡"SENCILLA Y CLARAMENTE"! ... ¡ASÍ RESPONDERÉ DESDE HOY A LAS PREGUNTAS DE MAFALDA!

PAPÁ, ¿PODRÍAS EXPLICARME PORQUÉ FUNCIONA TAN MAL LA HUMANIDAD?

¿SE HA DORMIDO?

¡AAAH!...¡EL AJEDREZ!.... ¡ANTES,CUANDO YO LO JUGABA NO HABÍA QUIÉN ME GANARA!

¿LOS PADRES DIRÁN ESAS COSAS PARA QUE UNO LOS ADMIRE CON RETROACTIVIDAD?

"...NO, JULIA. LO NUESTRO NO PUEDE SER. UN ABISMO NOS SEPARA"

"...TU POSICIÓN.... TU FORTUNA. LA GENTE DIRÍA QUE ME CASO CONTIGO POR TU DINERO."

"¡NO,FERNANDO, NO! ¡SOLO QUIENES SON UNOS CANALLAS PODRÍAN PENSAR ASÍ!.."

¡ES LA PRIMERA VEZ QUE ME INSULTAN POR RADIO!

¡HORMIGAS!..

¡DIOS MÍO!...¡ESTO SÍ QUE ES TRÁGICO!.. ¡NO HAY PEOR DESGRACIA QUE LAS HORMIGAS!..

"...MÁS VÍCTIMAS DE LA LUCHA EN VIET-NAM. ASÍ MISMO, UNA MANIFESTACIÓN EN ARGEL DEJÓ COMO TRÁGICO SALDO DOS MUERTOS Y VARIOS..."

¡ANTIPÁTICAS!..

MI PAPÁ HA DECIDIDO ERRADICAR LAS HORMIGAS DE SUS PLANTAS

¿Y CON QUÉ PIENSA MATARLAS?

!

¡PAF-PAF! TOC TOC-TOC TO ¡PAF! ¡PAF!

¡YA ME PARECÍA QUE TU PAPÁ NO PODÍA SER TAN BRUTO!

¿"TAN"?

EL ASUNTO ES DESCUBRIR DÓNDE ESTÁ ESE HORMIGUERO

ASÍ QUE SI VES UNA HORMIGA NO LA MATES ¿EH? ¡SEGUILA!

HASTA LUEGO. Y YA SABÉS, SI VES UNA HORMIGA: ¡SEGUILA!

¿Y? ¿PUDO ELIMINAR LAS HORMIGAS, TU PAPÁ?

SÍ

CONSIGUIÓ UN HORMIGUICIDA FANTÁSTICO

ESTARÁ CONTENTO ¿NO?

¡UF!..

ESTÁ HECHO UNAS PASCUAS

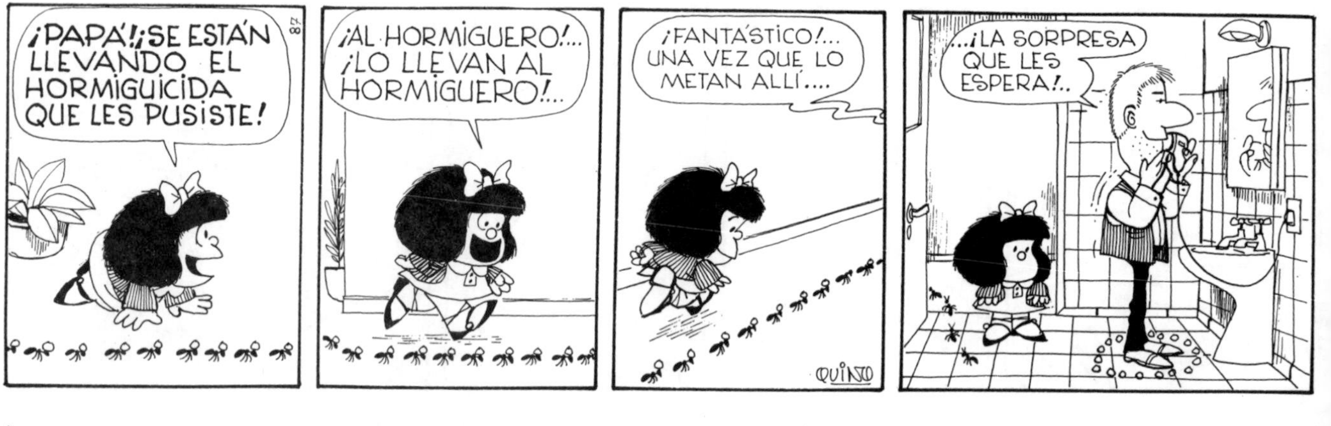
87
¡PAPÁ!¡SE ESTÁN LLEVANDO EL HORMIGUICIDA QUE LES PUSISTE!
¡AL HORMIGUERO!... ¡LO LLEVAN AL HORMIGUERO!...
¡FANTÁSTICO!... UNA VEZ QUE LO METAN ALLÍ....
QUINO
...¡LA SORPRESA QUE LES ESPERA!..

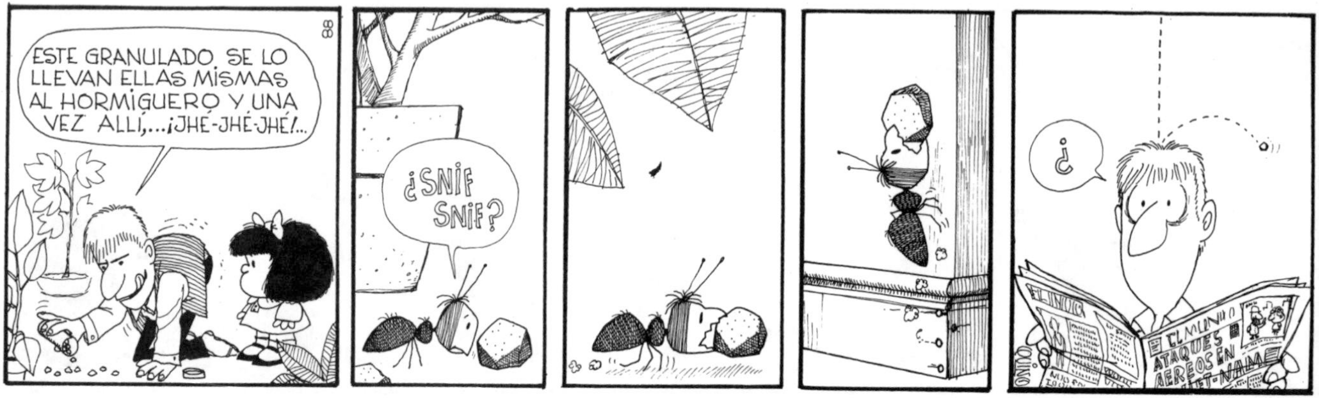
88
ESTE GRANULADO SE LO LLEVAN ELLAS MISMAS AL HORMIGUERO Y UNA VEZ ALLÍ,...¡JHÉ-JHÉ-JHÉ!...
¿SNIF SNIF?
¿
EL MUNDO
ATAQUES AEREOS EN
QUINO

ADELANTE, SUSANITA. ME ALEGRA QUE VENGAS A CONOCER MI CASA

ÉSTE ES MI PAPÁ, ¿VES?

¿ESTÁ ARREGLANDO EL TOMACORRIENTE, SEÑOR?

NO. LO LLENO DE AZÚCAR, ASÍ LAS HORMIGAS VIENEN Y..... ¡¡FFSSSGG!!.... ¡SE ELECTROCUTAN!

¿CÓMO ALGUIEN PUEDE ASUSTARSE DE UNA IDEA TAN BUENA?

¡BAM!

¿SIGUE TU PAPÁ LUCHANDO CONTRA LAS HORMIGAS?

SÍ, PERO NO PERSONALMENTE

¿PIDIÓ, AYUDA A UNA COMPAÑÍA FUMIGADORA?

NO EXACTAMENTE

PLATOS VOLADORES ¡DIOS MÍO!

¿Y POR QUÉ HABIENDO MUNDOS MÁS EVOLUCIONADOS YO TENÍA QUE NACER EN ÉSTE?

¡ASÍ QUE HAY MUNDOS QUE TIENEN PLATOS VOLADORES, Y TODO!...

¡ASÍ QUE HAY MUNDOS MÁS EVOLUCIONADOS QUE EL NUESTRO!...

¡ÑÑÑÑÑ!

¿DE DÓNDE VENDRÁN LOS PLATOS VOLADORES?

NO SÉ...

¡PERO PARECE QUE LOS CIENTÍFICOS TAMPOCO LO SABEN!

¿Y ESO **POR** QUÉ TE ALEGRA TANTO?

¡PORQUE ME SIENTO IMPORTANTE COMPARTIENDO LA IGNORANCIA CON LOS CIENTÍFICOS!

SI ES CIERTO QUE LOS PLATOS VOLADORES VIENEN DE UN MUNDO MÁS AVANZADO QUE ÉSTE...

....YA NADIE PODRÁ DECIRNOS QUE VIVIMOS EN **UN** PAÍS SUB-DESARROLLADO!

¡PORQUE RESULTA QUE **TODO** ÉSTE PLANETA ES SUB-DESARROLLADO!

¡GRACIAS, POR SALVAR NUESTRO PRESTIGIO INTERNACIONAL!

?

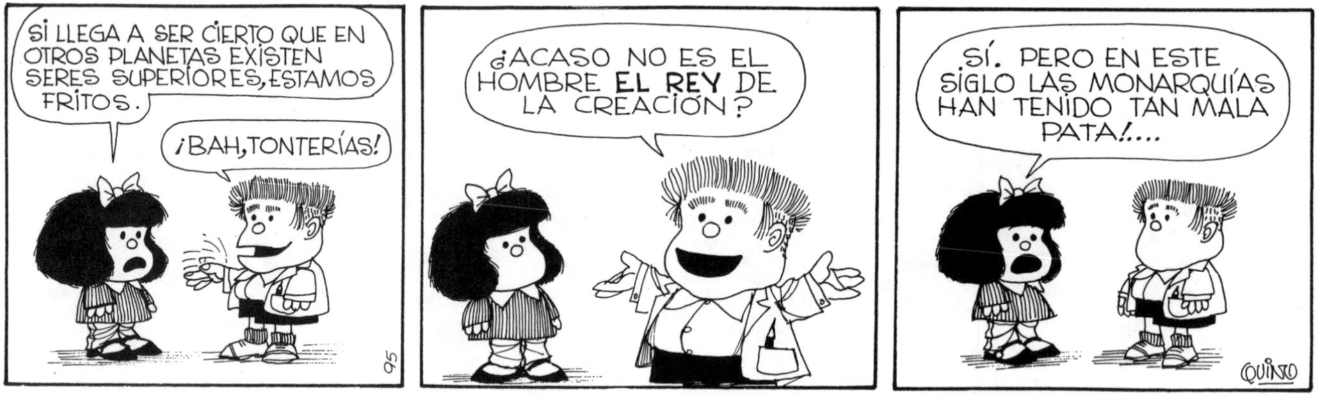
SÍ LLEGA A SER CIERTO QUE EN OTROS PLANETAS EXISTEN SERES SUPERIORES, ESTAMOS FRITOS.
¡BAH, TONTERÍAS!
95
¿ACASO NO ES EL HOMBRE **EL REY** DE LA CREACIÓN?
SÍ. PERO EN ESTE SIGLO LAS MONARQUÍAS HAN TENIDO TAN MALA PATA!....
QUINO

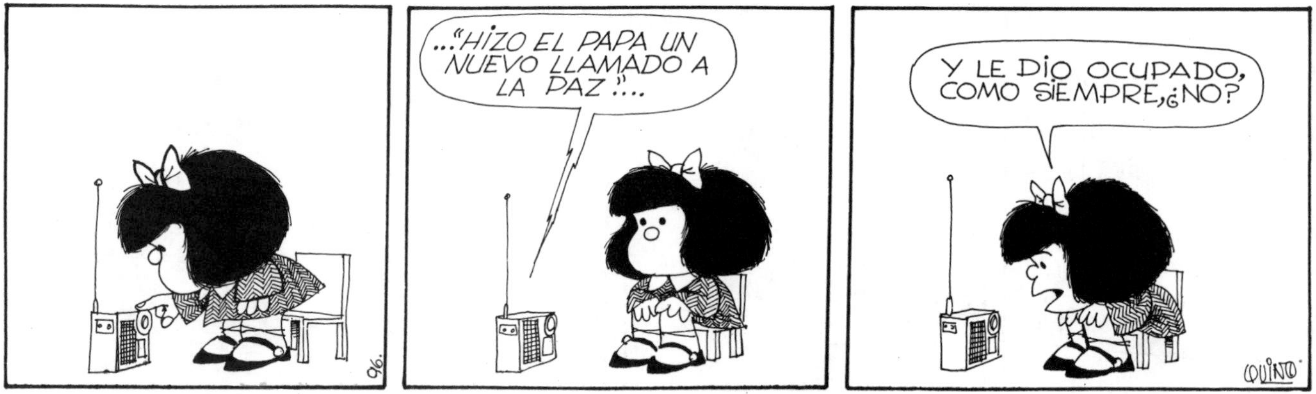
96.
..."HIZO EL PAPA UN NUEVO LLAMADO A LA PAZ"....
Y LE DIO OCUPADO, COMO SIEMPRE, ¿NO?
QUINO

MI MUÑECO ES MUY INTELIGENTE; APRETÁNDOLE LA BARRIGA DICE "MAMÁ"

DEBE SER EXTRANJERO ¿NO?

NO SÉ. ¿POR?

PORQUE SI FUERA DEL PAÍS, AL **APRETARLE LA BARRIGA**....

...GRITARÍA: "**¡HUELGA!**"

¿QUÉ VAS A SER CUANDO LLEGUES A GRANDE, SUSANITA?

¡VOY A SER MADRE!

TU PAPÁ ES MUY ORIGINAL PARA ECHARSE A DESCANSAR

¡LÍOS EN TODAS PARTES!...¡QUÉ MAL ANDA EL MUNDO!

¿Y QUIÉN ES EL CULPABLE, EH? ¡QUE APAREZCA EL CULPABLE Y VERÁ LA QUE LE DOY!

¡EL MUNDO HACE SIGLOS QUE ANDA MAL! ¿OÍSTE? ¡SIGLOS!

¡ENTONCES EL CULPABLE DEBE HABERSE MUERTO! ¡¡EL MUY COBARDE!!..

¿NO TE PARECE SUSANITA QUE VIVIMOS EN UN MUNDO MUY COMPLICADO?

A MÍ ME RESULTA MUY SENCILLO, ES UN MUNDO DE PADRES E HIJOS

TODOS LOS HABITANTES DEL GLOBO SON PADRES O HIJOS DE ALGUIEN ¡Y ESO ES TODO!

ESTA NENA ME HACE SENTIR VIEJA

CUANDO VOS ERAS CHICO, ¿QUÉ PROGRAMA DE TELEVISIÓN TE GUSTABA MÁS?

CUANDO YO ERA CHICO NO HABÍA TELEVISIÓN

¿NOO?

LAS PLANTAS

¿Y ENTONCES **PARA QUÉ** ERAS CHICO? ¡QUÉ TONTO!..

¡APURATE, FELIPE! NO QUIERO PERDER EL NOTICIOSO. ¡SEGURO DIRÁN ALGO DEL "MARINER" Y LAS FOTOS DE MARTE!

¡VIDA EN MARTE! ¿NO ES SORPRENDENTE QUE HAYA VIDA EN OTROS PLANETAS?

"...Y BOMBARDEARON INTENSAMENTE VIET-NAM DEL NORTE.--GINEBRA: NO SE LLEGA A UN ACUERDO SOBRE DESARME NUCLEAR.-- JORDANIA: UN NUEVO TIROTEO CON TROPAS DE ISRAEL"...

LO SORPRENDENTE ES QUE HAYA VIDA EN **ESTE** PLANETA

SAQUÉ ENTRADAS PARA IR LOS TRES A UN TEATRO INFANTIL

¡FANTÁSTICO!

YO CREO QUE A MAFALDA LE VA A GUSTAR. SON TODOS BUENOS ACTORES, Y DICEN QUE EL ESPECTÁCULO ES MUY DIVERTIDO

¡EH, MAFALDA! ¡ADIVINÁ ADÓNDE TE VAMOS A LLEVAR!

YA OÍ: AL CONGRESO

¡QUÉ FOTOGÉNICO HABÍA RESULTADO MARTE! ¿EH? ¡MUY FOTOGÉNICO!

¡Y LOS O.V.N.I.S TAMBIÉN, POR SUPUESTO! ¡MUY LINDOS!

¿TE HAS VUELTO TONTO, FELIPE?

¡SSSHH!

CONVIENE IR CAYÉNDOLES SIMPÁTICOS

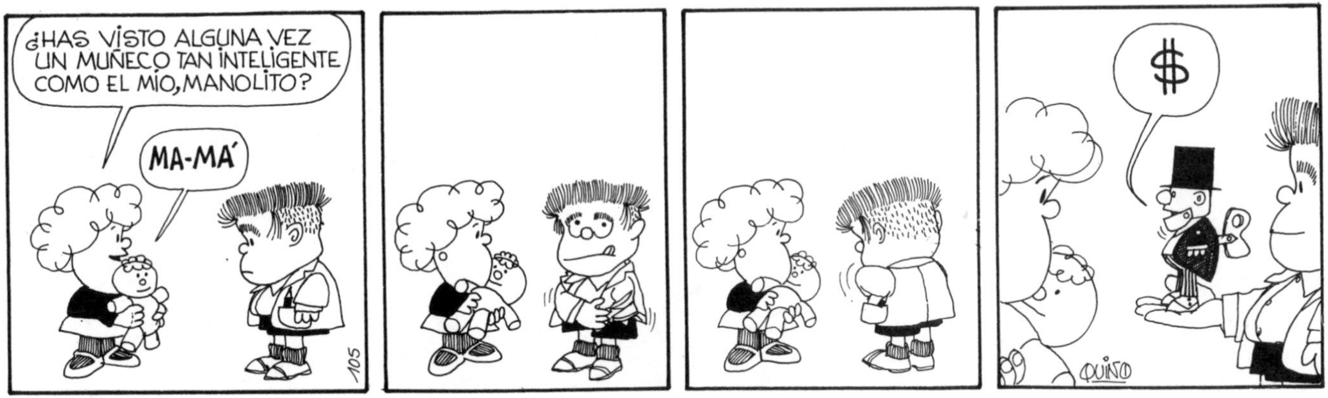
¿HAS VISTO ALGUNA VEZ UN MUÑECO TAN INTELIGENTE COMO EL MIO, MANOLITO?
MA-MÁ
105
$
QUINO

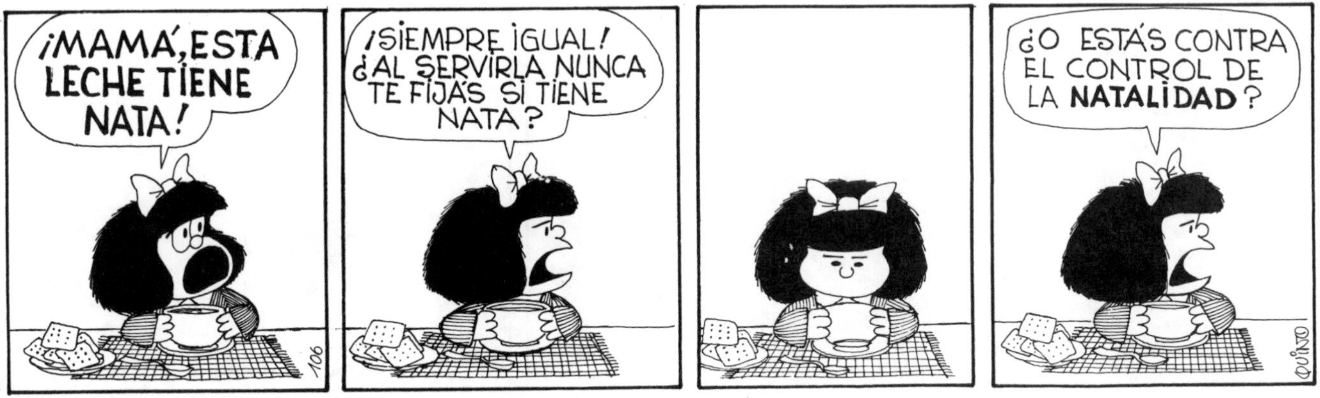
¡MAMÁ, ESTA LECHE TIENE NATA!
106
¡SIEMPRE IGUAL! ¿AL SERVIRLA NUNCA TE FIJÁS SI TIENE NATA?
¿O ESTÁS CONTRA EL CONTROL DE LA **NATALIDAD**?
QUINO

¡ES ABSURDO! ¡LAS PALANGANAS VOLADORAS NO EXISTEN!

¡YA LO SÉ!

¿ENTONCES **POR** QUÉ NO JUGÁS A LOS PLATOS VOLADORES?

¡PORQUE EN UN PLATO NO QUEPO, PAPANATAS!

SUSANITA OLVIDÓ AQUÍ A SU HIJITO

MA-MÁ

¿Y SI NO FUNCIONA, DE QUÉ SIRVE TENER HECHA LA INSTALACIÓN?

¡ME REVIENTA ESTO DE TENER AL CAPITALISMO POR UN LADO Y AL COMUNISMO POR OTRO!

¡UNO SE SIENTE SANDWICH!.... ¡Y, YA SE SABE QUÉ LES OCURRE A LOS SÁNDWICHES!

¡GRUMF! ¡CROF!

¡IMPERIALISTA!

?

¡ESTOY HARTA DE COMUNISMO Y CAPITALISMO! ¿POR QUÉ NO PODREMOS VIVIR EN UN MUNDO SIN OPCIONES? ¡DETESTO LAS OPCIONES!

HOLA

HOLA

¿VOS A QUIÉN QUERÉS MÁS; A TU MAMÁ O A TU PAPÁ?

¡FANTÁSTICO! ¡ESTOY IGUALITO! ¡ME EMOCIONA QUE TE ACORDÉS TAN BIEN DE MÍ!

PORQUE....LO HICISTE DE MEMORIA ¿NO?

NO...

LO HICE CON ESTE MODELO

HOY HE APRENDIDO QUE LA VERDAD DESILUSIONA A LA GENTE

FELIPE SE ENOJÓ PORQUE LE HICE NOTAR QUE SU CABEZA TIENE FORMA DE ZAPATO

ES TONTO ENOJARSE POR UNA COSA ASÍ

¡CLARO! ES COMO SI VOS TE ENOJARAS PORQUE TU CABEZA PARECE UN CEPILLO

¡CLARO! ¿CÓMO IBA A ENOJARME YO POR ÉSO?

¿UN CEPILLO?

PRIMERO VOY A SER UNA SEÑORA, ¿NO?, DESPUÉS VOY A TENER HIJITOS

LUEGO COMPRARÉ UNA CASA GRANDE, GRANDE, GRANDE Y UN AUTO MUY LINDO Y DESPUÉS JOYAS Y LUEGO TENDRÉ NIETITOS

Y ESA SERÁ MI VIDA.. ¿TE GUSTA?

SÍ; EL ÚNICO DEFECTO....

....ES QUE ESO NO ES UNA VIDA; ¡ES UN ESCALAFÓN!

TENER HIJITOS ESTÁ MUY BIEN, SUSANITA, PERO LOS TIEMPOS CAMBIAN

ADEMÁS DE SER MADRE, HOY LA MUJER DEBE CONTRIBUIR AL PROGRESO, HACER COSAS IMPORTANTES!

¡TENÉS RAZÓN!

¡DESDE MAÑANA MISMO APRENDERÉ A JUGAR AL BRIDGE!

¿QUÉ PASA?...¿ACASO NO JUEGAN AL BRIDGE LAS SEÑORAS IMPORTANTES?

¡DIOS MÍO!

¿DÓNDE NACIÓ TU PAPÁ, MAFALDA?

ESPERÁ... A VER...

ÉL ME DIJO QUE DE CHICO, NO CONOCIÓ LA TELEVISIÓN, NI EL NYLON, NI LA ENERGÍA ATÓMICA, NI LOS ANTIBIÓTICOS, NI LOS TRANSISTORES,..

....NI LOS AVIONES A REACCIÓN, NI LOS SATÉLITES ARTIFICIALES, NI LOS COHETES TELEDIRIGIDOS, NI LOS LENTES DE CONTACTO

ASÍ QUE DEBE HABER NACIDO EN EL MATTO GROSSO

¡PARECE INCREÍBLE! LA TIERRA DA VUELTAS Y VUELTAS..

....Y NOSOTROS, PARADOS ENCIMA, NI NOS DAMOS CUENTA

ES UNA SUERTE, PORQUE SI LA GENTE NOTARA QUE LA TIERRA DA VUELTAS..

...LAS CALESITAS IRÍAN A LA QUIEBRA

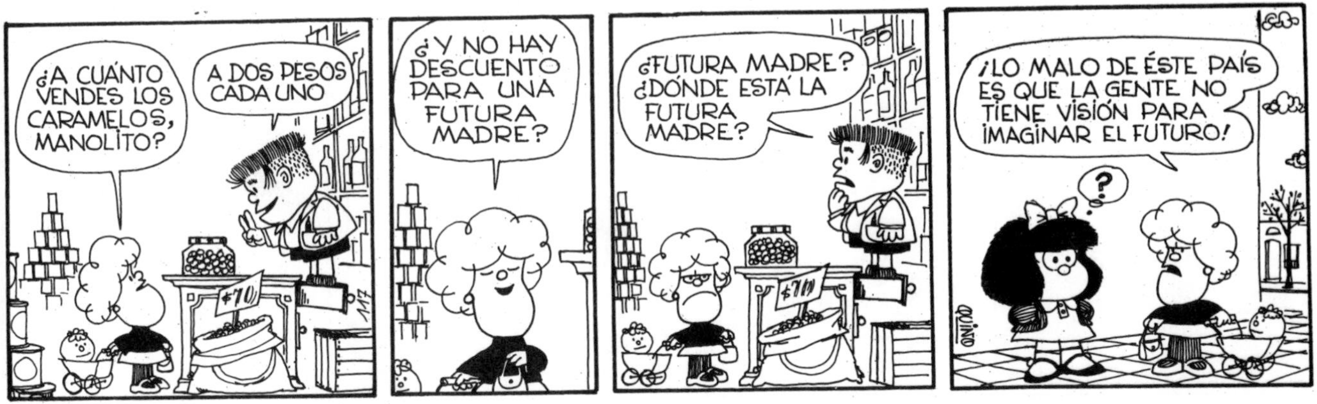
¿A CUÁNTO VENDES LOS CARAMELOS, MANOLITO?
A DOS PESOS CADA UNO
$70
117
¿Y NO HAY DESCUENTO PARA UNA FUTURA MADRE?
¿FUTURA MADRE? ¿DÓNDE ESTÁ LA FUTURA MADRE?
¡LO MALO DE ÉSTE PAÍS ES QUE LA GENTE NO TIENE VISIÓN PARA IMAGINAR EL FUTURO!
?
QUINO

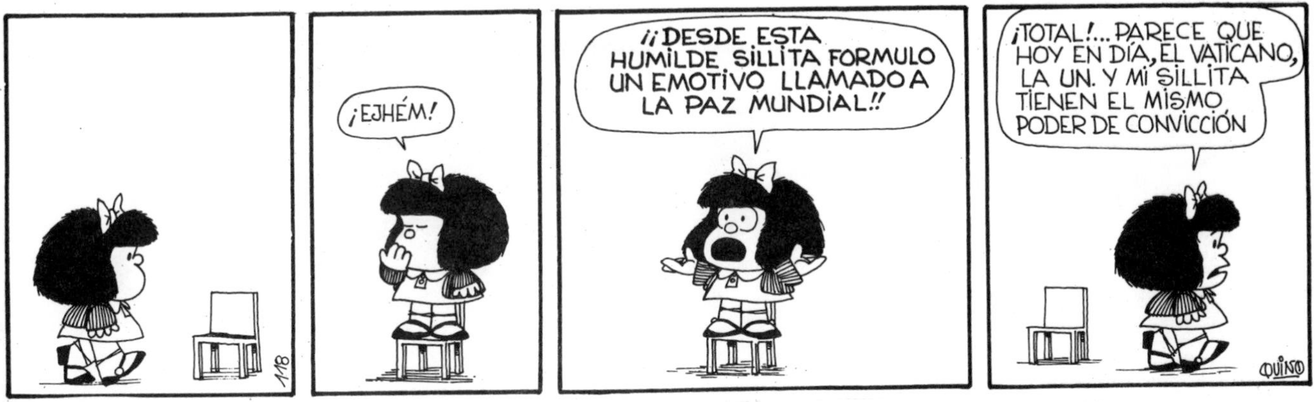
118
¡EJHÉM!
¡¡DESDE ESTA HUMILDE SILLITA FORMULO UN EMOTIVO LLAMADO A LA PAZ MUNDIAL!!
¡TOTAL!... PARECE QUE HOY EN DÍA, EL VATICANO, LA UN. Y MI SILLITA TIENEN EL MISMO PODER DE CONVICCIÓN
QUINO

¿QUÉ ES ESE RECORTE DE DIARIO, MAFALDA?

LA FOTO DE UN COHETE ATLAS

¿NO TE EMOCIONA? ¡ES COMO TENER EL FUTURO EN LA MANO!

¡ES CIERTO,SÍ!..

¡ES REALMENTE EMOCIONANTE! ¡PARECE UN LÁPIZ DE LABIOS!

¿QUÉ PASA? ¿NO VAS A USAR LÁPIZ DE LABIOS CUANDO SEAS GRANDE? ¿NO TE EMOCIONA **ESE** FUTURO?

¡DIOS MÍO!

¿USTED ES BUENO, SEÑOR?

¡POR SUPUESTO NENITA!

¿USTED ES BUENA, SEÑORA?

¿YO? ¡SÍ, M'HIJITA, SÍ!

¿USTED ES BUENO, DON?

¡EH! ¡SEGURO, NENA!

¡VAYA!..¡POR FIN UN RUBRO EN EL QUE HEMOS LOGRADO EL AUTOABASTECIMIENTO!

¿USTED ES BUENO, DON POLICÍA?

LOS, POLICÍAS SOMOS TODOS BUENOS

EMPIEZO A COMPRENDER CÓMO FUNCIONA LA BONDAD

¿USTED ES BUENO, DON MANOLO?

¡VAYA PREGUNTA, HIJA!¡PUES CLARO!

¡ES SORPRENDENTE! A TODO EL QUE LE PREGUNTO SI ES UNA BUENA PERSONA, RESPONDE QUE SÍ. ¡AL FINAL RESULTA QUE TODO EL MUNDO ES BUENO!

¿VOS SOS BUENO, GATITO?

MIAOUU

ES LA RESPUESTA MÁS HONESTA QUE HE ESCUCHADO ÚLTIMAMENTE

¡TOMÁ!...¡Y A VER CUÁNDO APRENDÉS A ESCRIBIR!

GRACIAS, FELIPE

¿QUÉ TE ESCRIBIÓ FELIPE EN ESE PAPELITO?

UNA DE LAS COSAS QUE TENGO QUE HACER EN MI VIDA

COMO NO QUIERO OLVIDAR TODAS LAS COSAS QUE TENGO QUE HACER EN MI VIDA, A MEDIDA QUE SE ME VAN OCURRIENDO LE PIDO A FELIPE QUE ME LAS ANOTE

¿Y ESO LO ENOJA?

SÍ

¿SABÍAS, MAFALDA? ¡MI HIJITO SERÁ MÉDICO!

Y CUANDO **YO** PASE LA GENTE DIRÁ: "¡AHÍ VA DOÑA SUSANITA, LA MADRE DEL DOCTOR HIJO DE DOÑA SUSANITA!"

¡Y TODO EL MUNDO SE ENFERMARÁ DE ENVIDIA...Y **MI** HIJITO SE HARÁ MUY RICO CURANDO LA ENVIDIA!

¿CUÁNTO CREES QUE PUEDE LLEGAR A GANAR POR MES UN BUEN **ENVIDIÓLOGO**?

¡DECIDIDO!

¿DECIDIDO QUÉ?

¡SERÉ INGENIERO!

¿Y PARA ESO TENÍAS QUE SUBIRTE A LA SILLA?

¡ES QUE SERÉ UN **GRAN** INGENIERO!

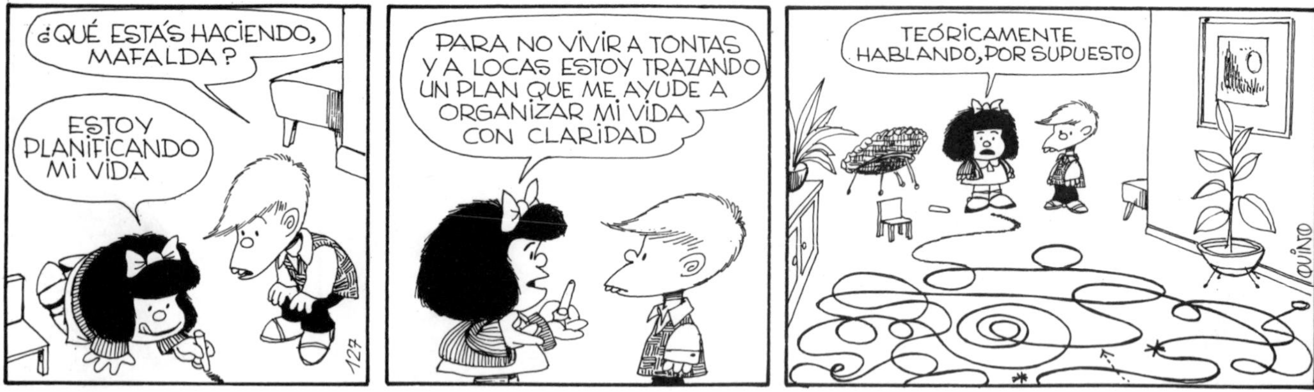
¿QUÉ ESTÁS HACIENDO, MAFALDA?
ESTOY PLANIFICANDO MI VIDA
127
PARA NO VIVIR A TONTAS Y A LOCAS ESTOY TRAZANDO UN PLAN QUE ME AYUDE A ORGANIZAR MI VIDA CON CLARIDAD
TEÓRICAMENTE HABLANDO, POR SUPUESTO
QUINO

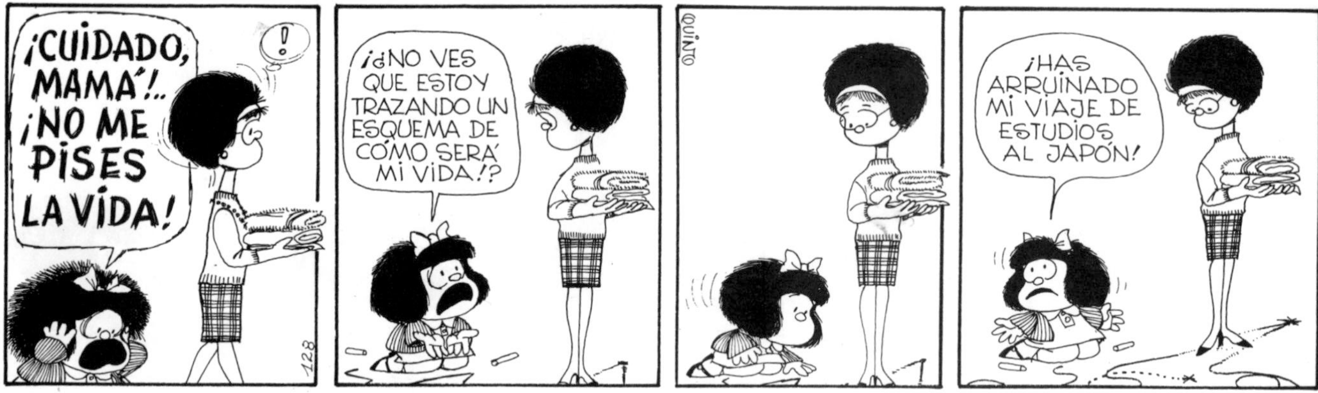
¡CUIDADO, MAMÁ!.. ¡NO ME PISES LA VIDA!
!
128
¡¿NO VES QUE ESTOY TRAZANDO UN ESQUEMA DE CÓMO SERÁ MI VIDA!?
QUINO
¡HAS ARRUINADO MI VIAJE DE ESTUDIOS AL JAPÓN!

QUIZÁS YO TAMBIÉN DEBERÍA PLANIFICAR MI VIDA

VEAMOS: LA SEMANA QUE VIENE COMPRARÉ DOS NUEVAS REVISTAS DE HISTORIETAS

PERO....¿LAS COMPRARÉ? NO HAY QUE OLVIDAR QUE EL **DESTINO** NOS MANEJA A SU CAPRICHO

¿CÓMO DIABLOS HARÁ EL **DESTINO** PARA ADELANTAR SUS CAPRICHOS UNA SEMANA? ¿TENDRÁ UNA I.B.M.?

¿TE CONTÉ QUE MI HIJITO SERÁ MÉDICO?

¡DIOS MÍO! ¡ÉSTA Y SU HIJITO!.... ¡NO LA AGUANTO!

¿TE LO IMAGINÁS CUANDO PASE EN SU AMBULANCIA "ALFA-GIULIA" SÚPER SPORT?

¡ESO YA ES DEMASIADO!.. ¡ES EL COLMO!

¿DEMASIADO? ¡AAAH!.. PARA LOS ENFERMOS POBRES ES DEMASIADO, ¡SÍ!. PARA ELLOS DEBERÁ TENER OTRA, MÁS ORDINARIA...

NO. EL DICCIONARIO NO DICE QUE SEA MALA PALABRA

¿NOOOO?

¿Y QUE ES UNA ASQUEROSIDAD INMUNDA? ¿EÉH? ¿NO DICE QUE ES UNA ASQUEROSIDAD INMUNDA?

NO, TAMPOCO

¡NO PUEDE SER!... LEÉ, A VER

"**SOPA:** (del alemán, *suppe*) PLATO DE CALDO CON PAN, PASTAS, FÉCULAS, ETC."

?

¡NO ES POSIBLE QUE TU ÚNICA AMBICIÓN SEA SER MADRE, SUSANITA! ¿NO PENSÁS SEGUIR NINGUNA CARRERA?

NO SE ME HABÍA OCURRIDO, PERO AHORA QUE ME LO DECÍS VEO QUE NO ES MALA IDEA

DA MUCHO PRESTIGIO ESO DE HACERSE VER DE VEZ EN CUANDO POR EL HIPÓDROMO Y SALIR LUEGO EN LAS FOTOS DE LOS DIARIOS

?

"LA SEÑORA DOÑA SUSANITA CLOTILDE, EN COMPAÑÍA DE SU HIJITO, SIGUIÓ CON SUMO INTERÉS LA 7ª CARRERA."

¡ÉSTA ES PEOR QUE LA SOPA!

QUINO

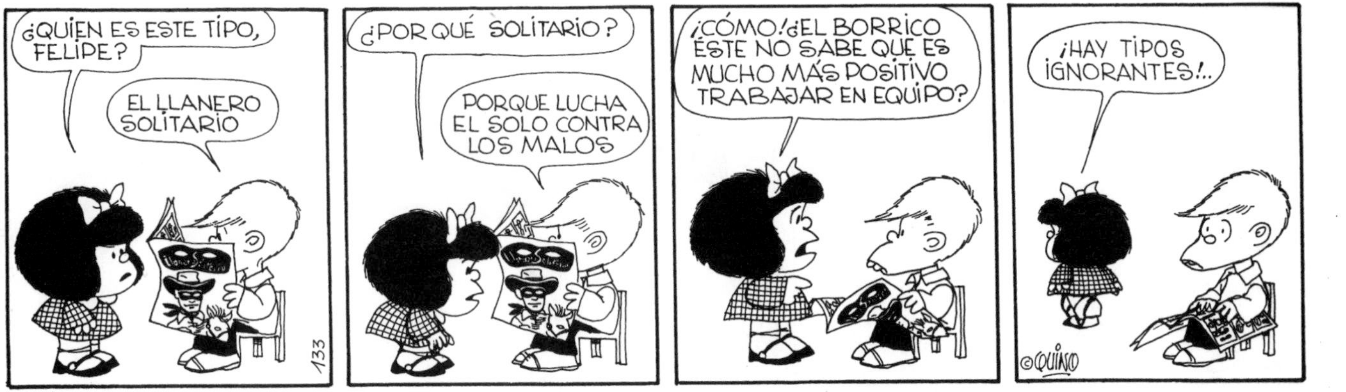
¿QUIEN ES ESTE TIPO, FELIPE?
EL LLANERO SOLITARIO
¿POR QUÉ SOLITARIO?
PORQUE LUCHA EL SOLO CONTRA LOS MALOS
¡CÓMO! ¿EL BORRICO ÉSTE NO SABE QUE ES MUCHO MÁS POSITIVO TRABAJAR EN EQUIPO?
¡HAY TIPOS IGNORANTES!..
133
©QUINO

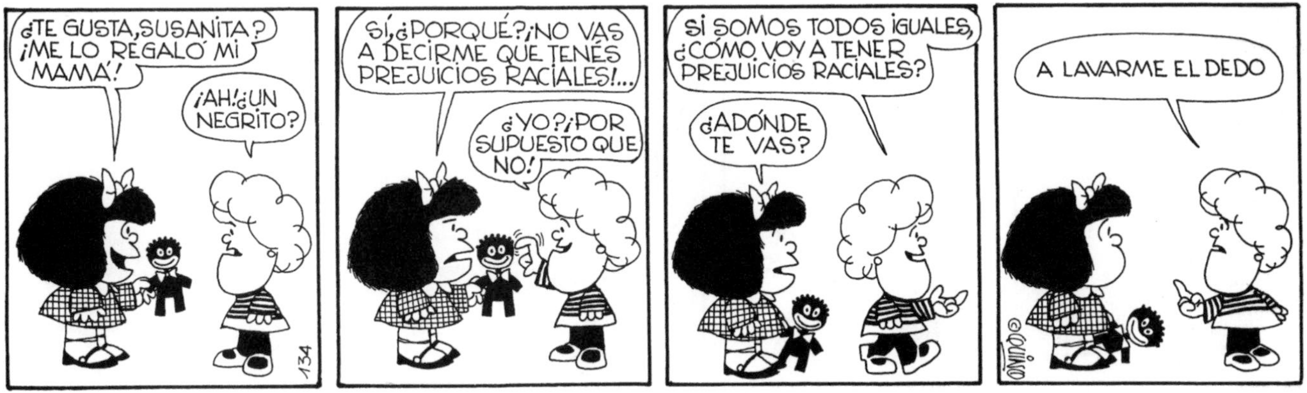
¿TE GUSTA, SUSANITA? ¡ME LO REGALÓ MI MAMÁ!
¡AH! ¿UN NEGRITO?
SÍ, ¿PORQUÉ? ¡NO VAS A DECIRME QUE TENÉS PREJUICIOS RACIALES!...
¿YO? ¡POR SUPUESTO QUE NO!
SI SOMOS TODOS IGUALES, ¿CÓMO VOY A TENER PREJUICIOS RACIALES?
¿ADÓNDE TE VAS?
A LAVARME EL DEDO
134
©QUINO

¡BUEN DÍA, MUNDO! ¡BUEN DÍA, GENTE BUENA DE TODA LA TIERRA!

¡ÑUEN ÑÍA!

SI UNO NO LA SALUDA, LA GENTE MALA ES CAPAZ DE OFENDERSE

ESTE ES JOE CRANE, UN MALVADO QUE LES VENDE ARMAS A LOS APACHES

PERO *EL LLANERO SOLITARIO* ESTÁ AL TANTO DE TODO ¿VES?

¡IMPEDIRÉ QUE JOE CRANE CONTINÚE VENDIENDO ESOS FUSILES A LOS APACHES!

¿Y QUIÉN SE CREE QUE ES EL MASCARUDO ESE PARA VENIR A COARTAR LA LIBERTAD DE COMERCIO?

A CONTINUACIÓN PRESENTAMOS....

EL PANORAMA INTERNACIONAL, CON NOTICIAS DE...

?

¿SE HABRÁN ACABADO LAS PILAS?...¿O LOS PROBLEMAS INTERNACIONALES?

¡SOPA!....¡CUANDO A ÉSTA SE LE ACABA LA PILA YA NO SUELTA PALABRA!

¿POR QUÉ NO TENÉS UN CABLE CON UN ENCHUFE? ¿EÉH?

¡CLARO!...¡A LA SEÑORITA NO LE GUSTA CONECTARSE CON LOS DEMÁS!

¡INTROVERTIDA!

BUENO, YA ESTÁ. ¿VISTE QUÉ FÁCIL ES COLOCAR UNA PILA NUEVA EN LA RADIO?

¡GRACIAS, PAPÁ!

139

CLIK

...Y TRIIIIISTE, EL JIBARITO VA, PENSANDO ASÍ, DICIENDO ASÍ, LLORANDO ASÍ POR EL CAMINO...

...¿QUÉ SERÁ DE BORINQUEN MI DIOS QUERIDO? ¿QUÉ SERÁ DE MIS HIJOS Y DE MI HOGAR?

TE VENDIERON UNA PILA CARGADA DE AMARGURA

¡MAFALDA!...

140

VOOOY..

YA QUE ME ESTÁS AYUDANDO, PÁSALE EL PLUMERO AL GLOBO TERRÁQUEO ¿EH?

?

¿LIMPIO TODOS LOS PAÍSES, O SÓLO LOS QUE TIENEN MALOS GOBIERNOS?

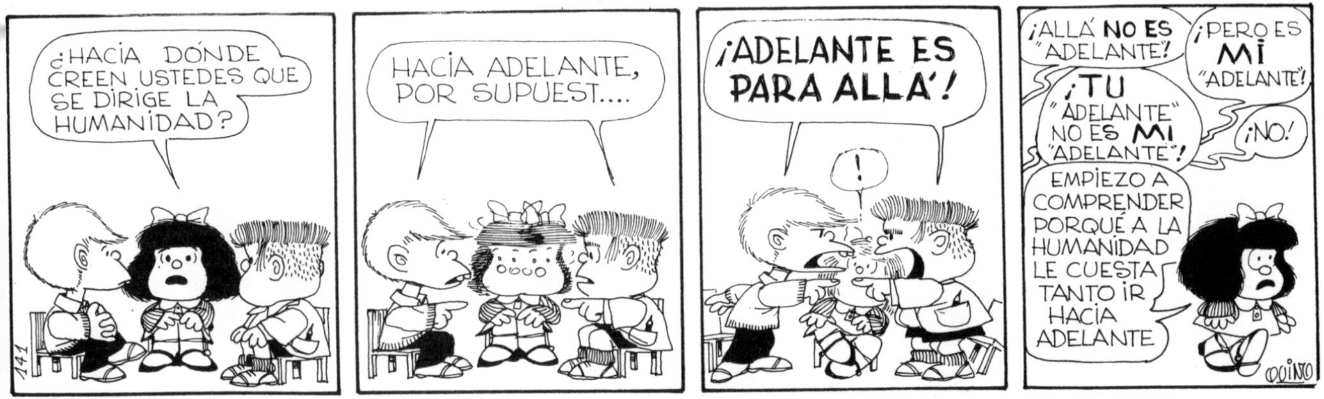
¿HACIA DÓNDE CREEN USTEDES QUE SE DIRIGE LA HUMANIDAD?
141
HACIA ADELANTE, POR SUPUEST....
¡ADELANTE ES PARA ALLÁ!
!
¡ALLÁ NO ES "ADELANTE"!
¡PERO ES MI "ADELANTE"!
¡TU "ADELANTE" NO ES MI "ADELANTE"!
¡NO!
EMPIEZO A COMPRENDER PORQUÉ A LA HUMANIDAD LE CUESTA TANTO IR HACIA ADELANTE
QUINO

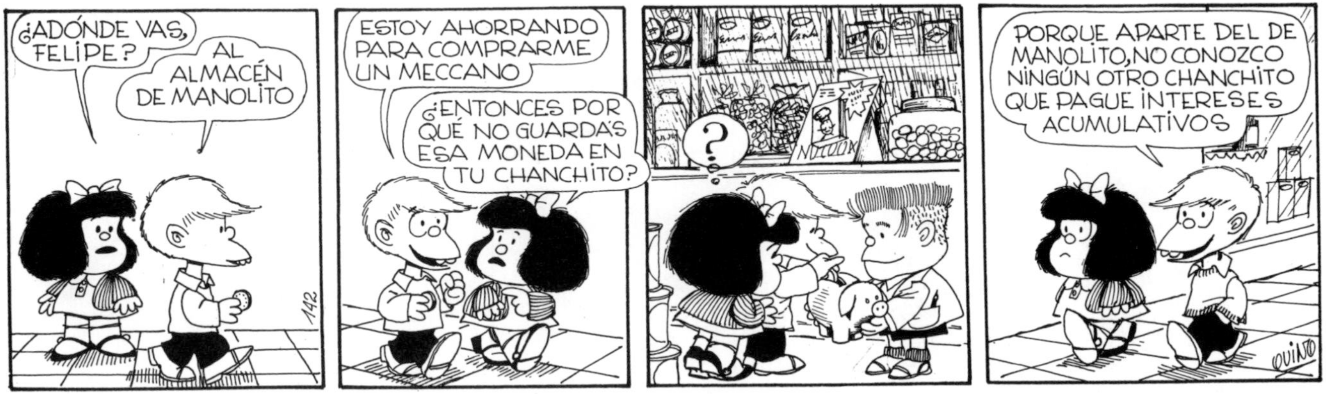
¿ADÓNDE VAS, FELIPE?
AL ALMACÉN DE MANOLITO
142
ESTOY AHORRANDO PARA COMPRARME UN MECCANO
¿ENTONCES POR QUÉ NO GUARDÁS ESA MONEDA EN TU CHANCHITO?
?
PORQUE APARTE DEL DE MANOLITO, NO CONOZCO NINGÚN OTRO CHANCHITO QUE PAGUE INTERESES ACUMULATIVOS
QUINO

¡QUÉ CALAMIDAD!

ME HE ENTERADO DE QUE CUANDO AQUÍ ES MEDIODÍA, EN EUROPA YA ES MEDIATARDE, Y EN ASIA MEDIANOCHE

¿Y?

¡Y!... ¡QUE NO VEO CÓMO PUEDE ADELANTAR UN PAÍS AL QUE LAS HORAS LE LLEGAN YA USADAS POR MÁS DE MEDIO MUNDO!

¡CLARO! ¿CÓMO NO VA A ANDAR MAL EL MUNDO?

SI CUANDO EN NORTEAMÉRICA ES MEDIANOCHE, EN CHINA ES MEDIODÍA

Y CUANDO EN CHINA ES MEDIANOCHE, EN NORTEAMÉRICA ES MEDIODÍA

¿CÓMO DEMONIOS PUEDEN LLEGAR A ENTENDERSE DOSCIENTOS MILLONES DE TIPOS ALMORZANDO CON SEISCIENTOS MILLONES DE TIPOS DURMIENDO?

ES UNA CARTA IMPORTANTE, FELIPE. ¡POR FAVOR, ESCRIBÍMELA!

BUENO, ESTÁ BIEN. DAME

"AL SR. SECRETARIO GENERAL DE LA **UN**: CONSIDERANDO QUE CUANDO EN WASHINGTON Y LONDRES ES DE DÍA,...."

!

"...EN MOSCÚ Y PEKÍN ES DE NOCHE,....¿HA PENSADO USTED QUE TAL VEZ...."

"..LO QUE DIVIDE AL MUNDO, NO ES LA POLÍTICA, SINO LA CAMA?"

PAPÁ'....

¿HÚH?

LOS CHINOS SON UN PELIGRO PARA EL MUNDO OCCIDENTAL, ¿NO?

SSSÍ

Y AHORA QUE PARA NOSOTROS ES DE NOCHE Y ESTAMOS DESCANSANDO,..

..PARA ELLOS ES DE DÍA Y **ESTÁN TRABAJANDO**, ¿NO?

SÍ, CLAR....!

¡HAY QUE VER LO POCO QUE DURA UN MINUTO!

TIC-TAC
TIC-TAC
TIC·

¡QUÉ DESPERDICIO!

TAC-TIC
TAC-TIC
TAC·

MINUTOS EN BUEN USO, Y PORQUE APARECEN OTROS NUEVOS YA NO SE PUEDEN VOLVER A EMPLEAR

TIC-TAC
TIC-TAC
TIC··

TAC-TIC
TAC-TIC
TAC··

IGUAL QUE LOS NORTEAMERICANOS CON LAS HELADERAS

TIC-TAC
TIC-TAC
TIC·

QUINO

¿SE TE HA OCURRIDO PENSAR EN LA CANTIDAD DE MINUTOS QUE ESPERAN TURNO PARA SALIR DE LOS RELOJES?

148

¡TENEMOS POR DELANTE MILLONES DE MINUTOS SIN USAR! ¡MINUTOS RELUCIENTES, NUEVITOS!

¡MINUTOS QUE, SOBRE TODO, TENDREMOS QUE SABER EMPLEAR POSITIVAMENTE!

¡DIOS MÍO! ¡QUÉ RESPONSABILIDAD!

QUINO

¿QUÉ TE PREOCUPA, SUSANITA?

EL CONTROL DE LA NATALIDAD

BUENO, PERO ESO...

¡"PERO ESO" UN PEPINO!

¡YO QUIERO SER UNA MADRE DESCONTROLADA!

ES LA ÚNICA MANERA DE SOBRELLEVAR ESTA INMENSA Y BLANCA SOLEDAD DE LA BAÑADERA

PARECE QUE A MAFALDA LE HA GUSTADO MUCHO TU BEBÉ, ROSITA

151

AP-BBBB, GUGH-DÁ, DÁ-ZZS, NNGUÍG

¡TAN CHIQUITO, Y YA DICE INCONGRUENCIAS!

¿UN CARAMELO?

GRACIAS, MANOLITO

152

¡HMMM! ¡QUÉ RICO!

ES UNA ATENCIÓN DEL ALMACÉN DE MI PAPÁ, QUE VENDE MUY BARATO

¡AHORA COMPRENDO! ¡ESO SE LLAMA INTERÉS!

¡PERO EN LENGUAJE POÉTICO-COMERCIAL, ESO SE LLAMA RELACIONES PÚBLICAS!

LA FUNCIÓN DE LAS RELACIONES PÚBLICAS ES MOSTRAR A LA GENTE QUE LOS EMPRESARIOS SOMOS HUMANOS....

153

SERVITE, SUSANITA. EL ALMACÉN DE MI PAPÁ TE INVITA A SABOREAR UN RICO CARAMELO

¡OH! ¡GRACIAS!

¡UN RICO CARAMELO!

......Y QUE LOS EMPRESARIOS NO SOMOS TONTOS

QUINO

154

...¡INESTABLE...

......Y EMPEORANDO LUEGO

HA SIDO EL PRONÓSTICO METEOROLÓGICO

¡CREÍ QUE HABLABAS DEL GOBIERNO!... ¡MALDITO ALARMISTA!

QUINO

POR RADIO DIJERON NO SÉ QUÉ DE *MILIBARES*. ¿QUÉ SON LOS *MILIBARES*, PAPÁ?

TE EXPLICARÉ: LOS MILIBARES SON UNA MEDIDA DE PRESIÓN

SEGÚN ESTÉ LA ATMÓSFERA, SE DICE QUE HAY UNA PRESIÓN DE TANTOS MILI...

PERDÓN, PAPÁ

YO TE PREGUNTÉ POR LOS MILIBARES; NO, POR LOS MILITARES

¿QUÉ RICA COMIDA HAS HECHO HOY, MAMITA?

SOPA

¡CHST! ¡NO SE DICEN MALAS PALABRAS EN LA MESA!

¡SOPA NO ES MALA PALABRA!

¡TAMPOCO SE DICEN MENTIRAS EN LA MESA!

¡BUENAS NOCHES, MUNDO! SERÁ HASTA MAÑANA

PERO ¡OJO!, QUE QUEDAN MUCHOS IRRESPONSABLES DESPIERTOS, ¿EH?

¡ESTÁS FRITA! ¡JAQUE!

¿PUEDO EMPLEAR LA "DEFENSA SICILIANA"?

EMPLEALA

¡MASCALZONE!

¡GRACIAS!

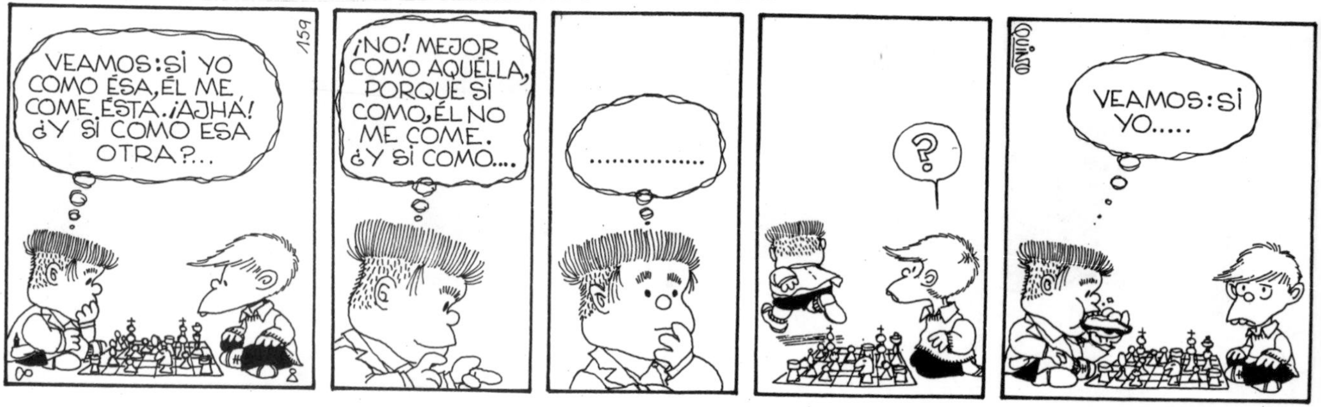
159
VEAMOS: SI YO COMO ÉSA, ÉL ME COME ÉSTA. ¡AJHÁ! ¿Y SI COMO ESA OTRA?...
¡NO! MEJOR COMO AQUÉLLA, PORQUE SI COMO, ÉL NO ME COME. ¿Y SI COMO....
....
?
QUINO
VEAMOS: SI YO.....

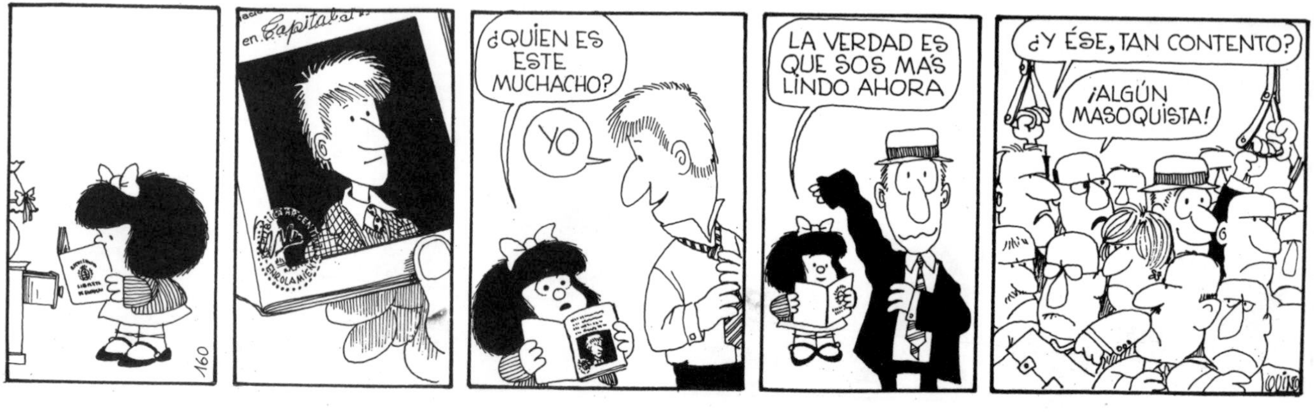
160
¿QUIEN ES ESTE MUCHACHO?
YO
LA VERDAD ES QUE SOS MÁS LINDO AHORA
¿Y ÉSE, TAN CONTENTO?
¡ALGÚN MASOQUISTA!
QUINO

¿POR QUÉ HAY GENTE POBRE, MAMÁ?

Y....BUENO...PUES.. ...ESTEEE.... ENFIN...

¡ESPERÁ, ESPERÁ!

NO SOSPECHÉ QUE MI PREGUNTA FUERA TAN INTERESANTE

...TODAS SE PROBABAN EL ZAPATITO, PERO A LA QUE NO LE QUEDABA CORTO, LE APRETABA DE ACÁ, O DE ALLÁ...

...ENTONCES EL PRÍNCIPE, VIENDO QUE NADIE PODÍA CALZAR AQUEL DELICADO ZAPATITO...

¡ABRIÓ UNA SUCURSAL DEL DR. SCHOLL!

¡QUÉ POCA VISIÓN COMERCIAL!

¡ÉSTA NO FLORECIÓ! Y TUVO RIEGO, LUZ, ABONO..... NO SÉ QUÉ PUEDE HABERLE FALTADO.

¡LLEGÓ LA PRIMAVERA!

INFORMACIÓN

¿PARA MÍ? ¿EN SERIO?

REGALITO DE PRIMAVERA

¡QUÉ LINDA FLOR! ¡GRACIAS, FELIPE!

¿DÓNDE TE PARECE QUE LA PONGA?

HA SIDO COMO REGALARLE UN TERRÓN DE AZÚCAR A FIDEL CASTRO

165

¡...Y CUANDO SEA GRANDE VOY A TENER UNA CADENA DE SUPERMERCADOS, QUE VA A CORTAR EL HIPO!

¡HÍP!

?

¿QUÉ PODRÍAMOS HACER POR MANOLITO Y SU HIPO?

PRIMERO PODEMOS VER QUÉ NOS EXPLICA EL DICCIONARIO SOBRE EL HIPO

¡HÍP! ¡HÍP!

166

"HIPO: MOVIMIENTO CONVULSIVO, PROVOCADO POR CONTRACCIONES INVOLUNTARIAS DEL DIAFRAGMA".

¡HÍP!

? ¿? ?

¡HÍP!

¿NO TE SENTÍS, AL MENOS, UN POQUITO MÁS IMPORTANTE?

¡HÍP!

¡HIP!

OÍ QUE PARA CORTAR EL HIPO HAY QUE TOMAR SIETE SORBOS DE AGUA, SIN RESPIRAR

167

¡ESO YA ME LO RECOMENDÓ TODO EL MUNDO!

¡HIP!

¿Y HAS HECHO CASO?

¡A TODO EL MUNDO!

¡HIP!

¿CREÉS QUE UN SUSTO LE CORTARÁ EL HIPO A MANOLITO?

PROBEMOS

¡HÍC!

168

¡REVOLUCIÓN!.. ¡LOS TANQUES!

16$ $68

¡GUERRA CIVIL!

¡HÍC!

$91   89$

NO TE PREOCUPÉS, YA SE TE PASARÁ ESE HIPO. ADEMÁS EL HIPO NO DESMERECE A NADIE, ¿NO HAS OÍDO HABLAR DE LAS HIPOTECAS?

¡HIP!

LAS HIPOTECAS SON UNOS LUGARES EN LOS QUE SE GUARDAN HIPOS. LOS HIPOS MÁS FAMOSOS DE LA HISTORIA SE ENCUENTRAN ALLÍ: HIPOS DE COLÓN, DE VERDI,....

...HAY UN CURIOSO HIPO QUE CONTRAJO NAPOLEÓN, DE TANTO DECIR: "EGÍPTO". LUEGO HAY UN HIPO DE "CHÉSPIR", Y OTROS DE.....

¿Y TU HIPO, MANOLITO?

¡SUSANITA ACABA DE CORTÁRMELO!

¡TRABAJÁS COMO UNA NEGRA EN LA COCINA!...¿Y PARA HACER QUÉ?....

¡SOPA!

PARA ESO NO TUVE QUE TRABAJAR NADA; ES SOPA EN CUBITOS

¿EN CUBITOS?

¡QUÉ BAJO HA CAÍDO LA GEOMETRÍA, SEÑOR!

¿ESTÁ TU MAMÁ, NENITA?

SE ESTÁ BAÑANDO, ¿QUÉ DESEA?

OFRECERLE LA EXTRAORDINARIA MÁQUINA DE LAVAR "WHASHEX-70"

¿SIRVE PARA LAVAR CONCIENCIAS?

¿QUIÉN ERA, MAFALDA?

NADIE ORIGINAL, MAMÁ

...SEÑALANDO QUE LOS AGENTES DEL COMUNISMO SE HALLAN INFILTRADOS EN TODOS LADOS; ANTE EL REQUERIMIENTO...

...PERIODÍSTICO, DE SI PODÍA ESPECIFICAR EN QUÉ LADOS, EL SR. MINISTRO SE LIMITÓ A RECALCAR:...

"EN TODOS."

¿QUÉ HACÉS, MAFALDA?

SOY UNA CÁPSULA ESPACIAL

¿LLEVÁS ALGÚN TRIPULANTE DE ÉSOS QUE ABREN LA ESCOTILLA Y SALEN AL ESPACIO?

¡A QUE NUNCA VISTE UN TRIPULANTE TAN HÚMEDO!...

¿CUÁNTO GANA TU PAPÁ?

NO SÉ, ¿Y EL TUYO?

TAMPOCO SÉ; PERO GANA MÁS QUE TU PAPÁ

¡SI NO SABÉS CUÁNTO GANA NINGUNO DE LOS DOS NO PODÉS AFIRMAR ÉSO!

¡NO ES CUESTIÓN DE AFIRMAR NADA, SINO DE NO ESTROPEAR MI ESQUEMA!

.....Y SI SUSANITA VUELVE A PREGUNTARTE, CONTESTALE QUE...

..TU PAPÁ GANA LO BASTANTE COMO PARA QUE PODAMOS VIVIR DECENTEMENTE

¡ESO LE DIRÉ!¡SÍ SEÑOR! "¡MI PAPÁ GANA LO BASTANTE COMO PARA QUE PODAMOS VIVIR DECENTEMENTE!

¡QUÉ PAPELÓN!...

DECIME, MANOLITO, ¿CUÁNTO GANA TU PAPÁ?

Y,....PUES,...BUENO,... ...EL ALMACÉN NO DEJA MUCHO MARGEN,...¡EN FIN!...TODO ANDA TAN MAL HOY EN DÍA...

¡YA ME PARECÍA!... ¡ENTONCES MI PAPÁ GANA MÁS QUE TU PAPÁ!

¡JHÁ!...

¿TE MOLESTA QUE TE PREGUNTE CUÁNTO GANA TU PAPÁ, FELIPE?

¡NO, POR SUPUESTO!

¡NO VOY A MOLESTARME PORQUE ME PREGUNTES ÉSO!...

¿CUÁNTO GANA?

¡TAMPOCO VOY A MOLESTARME EN CONTESTARTE ÉSO!...

¿HAS VISTO EL FARDO DE PROBLEMAS QUE HAY EN EL MUNDO, FELIPE?..¡HUMM, NO SÉ!...PERO ME PARECE QUE LOS ADULTOS ANDAN CON GANAS

¿CON GANAS?

¿CON GANAS DE QUÉ?

...LLUMMMMLUMML...

¡DE ENDILGARNOS ESE FARDO A LAS GENERACIONES JÓVENES!

¡MAFALDA! ¿VOS TENÉS EL DIARIO DE HOY?

179

¿NO PODÍAS HABER USADO UN DIARIO VIEJO?

QUINO

¿QUÉ RECORTÁS DEL DIARIO, MAMITA?

180

UNA RECETA

¿ALGO RICO?

SOPA DE PESCADO

¡MALDITA SEA LA LIBERTAD DE PRENSA!

QUINO

¡CUANDO SEA GRANDE QUIERO TENER MUCHOS VESTIDOS!

¡Y YO MUCHA CULTURA!

¿TE LLEVAN PRESA POR SALIR A LA CALLE SIN CULTURA?

NO

¡PROBÁ SALIR SIN VESTIDO!...

ES MUY TRISTE TENER QUE PEGARLE A ALGUIEN QUE TIENE RAZÓN

¡SE ACERCA EL DÍA DE LA MADRE Y NO SÉ QUÉ REGALARLE A MI MAMÁ!...

¡QUÉ HIJISMO FLOTA EN EL AMBIENTE!...

¡ES TERRIBLE!...¡SE VIENE ENCIMA EL DÍA DE LA MADRE Y NO SÉ QUÉ REGALARLE A MI MAMÁ!

YO TAMPOCO

183

HAY CANTIDAD DE COSAS LINDAS PARA REGALAR: UN FRASCO DE BUENAS ACEITUNAS, MARISCOS EN LATA, UN QUESITO, FIAMBRES, GARBANZOS, FIDEOS, DULCES....

¿CÓMO VAMOS A REGALAR A NUESTRAS MADRES COSAS DE ALMACÉN?

¡HOMBRE!...¡SI LES DA POR HACERSE LOS INTELECTUALES!...

QUINO

QUERIDA MAMITA: EN TU DÍA DE LA MADRE TE REGALO TODOS ESTOS BESITOS: ¡CHUIC!-¡CHUIC!-¡CHUIC! ¡CHUIC!-¡CHUIIIIC!

184

BUENO, AHORA VEAMOS SI AL DESTAPARLA SE ESCUCHA

¡NO RESULTO!

¡CLARO!...¡SI RESULTARA, EL SEÑOR GRUNDIG FABRICARÍA BOTE-LLAS!

¡DIOS MÍO! ¡PASADO MAÑANA ES EL DÍA DE LA MADRE, Y YO NO SÉ QUÉ REGALARLE A MI MAMÁ!

YO A LA MÍA LE REGALARÉ UN PAÑUELITO

185

¡DICHOSA VOS, QUE TENÉS EL PROBLEMA RESUELTO!

GRACIAS POR TU OPTIMISMO

QUINO

¡FELIPE! ¡FELIPE!

186

¿SABÉS QUÉ SE ME OCURRIÓ REGALARLE A MI MAMÁ? ¡UN LIBRO!

¡FANTÁSTICO! ¿CÓMO HICISTE?

¡Y!... PENSÉ QUÉ ME GUSTARÍA QUE ME REGALARAN A MÍ, SI YO FUERA MI MAMÁ

¡CLARO! ¡ESE ES EL SISTEMA! ¡A VER!... ¡YA ESTÁ!...

AUNQUE NO SÉ PARA QUÉ DIABLOS QUIERE MI MAMÁ LA COLECCIÓN COMPLETA DE "EL LLANERO SOLITARIO"

QUINO

¡FELIZ DÍA, MAMITA!

¡OH!.. ¡UN LIBRO! ¡GRACIAS, MAFALDA!

¡HOY ES UN DÍA HERMOSO!

SÍ... ¡LÁSTIMA LA HUMEDAD!..

TIC!

¡FIIIIIIIZ-FIIIIIIIZ!
¡GOOOK!
¡DÓINNG!
¡ZÁS! ¡ESTÁ DESCOMPUESTA LA RADIO!..

SE HA ESCUCHADO, MÚSICA ELECTRÓNICA

¡ZÁS! ¡ESTÁ DESCOMPUESTO EL ARTE!..

¡PORRR FÍNNN!... ¡SALIÓÓÓ' LA NNNNUEVA SOPA CONNNCENTRADA, MARRRRCA....

¡CUANDO ALGUIEN ES TAN IDIOTA!...

CLIC!

¡¡IDIOTA!!

... MERECE SER INSULTADO EN CINERAMA!

AYER ESTUVE EN PENITENCIA POR COMER BOMBONES SIN PERMISO

CUANDO A MÍ ME PONEN EN PENITENCIA PIENSO QUE SE VA A QUEMAR LA CASA Y YO VOY A SALVAR A MIS PAPÁS, Y ELLOS VAN A PEDIRME PERDÓN, LLORANDO

MAFALDA ¿NO VISTE POR AQUÍ UNA CAJA DE FÓSFO...

SÍ, TOMÁ, LA TENGO YO

¿DE QUÉ HABLÁBAMOS?

ES MUY GRACIOSO LO QUE SE ME OCURRE PENSAR A MÍ, CUANDO ME PONEN EN PENITENCIA

PIENSO QUE ME VOY A MORIR...¡JHA!... Y QUE MIS PAPÁS LLORARÁN ARREPENTIDOS, POR HABERME PUESTO EN PENITENCIA, SIENDO YO TAN BUENO

"¡ERA TAN BUENO!... ¡Y SE MURIÓ!... ¡Y ESTABA EN PENITENCIA!...¡Y... ....Y.....¡.........."

¡SÑÍG!...

DECIME, MANOLITO ¿NUNCA TE PUSIERON TODO UN DÍA EN PENITENCIA POR ALGUNA TRAVESURA?

¡NUNCA!

MI PAPÁ DICE QUE ESO DE LA PENITENCIA ES UN CASTIGO ALARGADO, COMO UN CHEQUE....

...Y ÉL PREFIERE DAR BOFETONES AL CONTADO

¡PERO MAFALDA!... ¡SÓLO SI TOMÁS LA SOPA PODRÁS LLEGAR A SER GRANDE!...

¿GRANDE COMO QUIÉN?

¡Y!....COMO MAMITA,... ...COMO YO......

¡ASÍ QUE ENCIMA,.... ..¡ESO!....

¿QUÉ DECÍS, PREMIO NOBEL DE LA MACETA?

¿DÓNDE ESTÁ EL RESPETO QUE DEBÉS GUARDAR A TU PADRE?

¿EN LA HELADERA?

¡BUEN DÍA, PAPÁ! ¿CÓMO ES QUÉ NO HAS IDO A TRABAJAR?

¡PORQUE TENGO DOLOR DE MUELAS!

¡AH! ¿CUÁNDO UNO TIENE DOLOR DE MUELAS NO VA A TRABAJAR?

ASÍ ES

¡POBRES!...¡QUÉ MAL DEBEN ANDAR DE LAS MUELAS ÚLTIMAMENTE ALGUNOS GREMIOS!

¡MALDITA MUELA!

TENDRÁS QUE IR AL DENTISTA

¡CÓMO!...¿TENEMOS ALGÚN DENTISTA EN EL PAÍS?

¡¡POR SUPUESTO, MAFALDA!!........ ¡¡O QUÉ CREÍAS!!...

QUE TODOS, TODOS, TODOS SE HABÍAN IDO A NORTEAMÉRICA

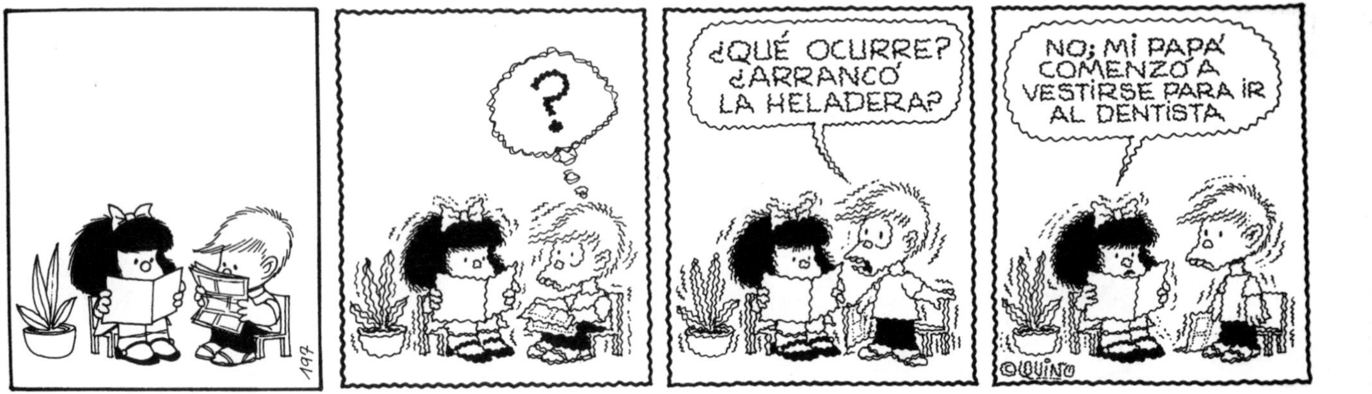
?
¿QUÉ OCURRE? ¿ARRANCÓ LA HELADERA?
NO; MI PAPÁ COMENZÓ A VESTIRSE PARA IR AL DENTISTA

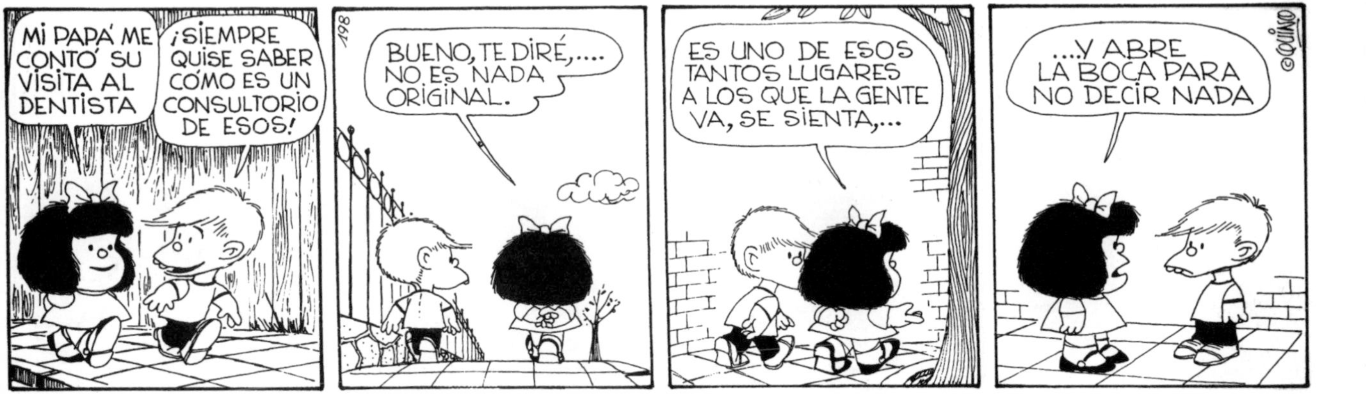
MI PAPÁ ME CONTÓ SU VISITA AL DENTISTA
¡SIEMPRE QUISE SABER CÓMO ES UN CONSULTORIO DE ESOS!
BUENO, TE DIRÉ,.... NO ES NADA ORIGINAL.
ES UNO DE ESOS TANTOS LUGARES A LOS QUE LA GENTE VA, SE SIENTA,...
....Y ABRE LA BOCA PARA NO DECIR NADA

¡CONTAME, MAFALDA, CONTAME!...¿SUFRIÓ MUCHO TU PAPÁ EN EL SILLÓN DEL DENTISTA?

NO,....PORQUE EL DENTISTA TIENE TORNO ULTRASÓNICO, QUE NO HACE DOLER

ASÍ QUE NO SINTIÓ ABSOLUTAM...?

¿A QUIÉN PUEDE INTERESARLE UNA HISTORIA EN LA QUE EL PROTAGONISTA NO SUFRE?

...EL QUE TRABAJA SABE QUE EL QUE ESTÁ SIN HACER NADA PASA UN MAL MOMENTO

...Y EL QUE ESTÁ SIN HACER NADA, SE QUEJA

¡PORQUE VIVIMOS UNA CRISIS SOCIAL Y GREMIAL!¡ESO ES LO QUE OCURRE EN EL PAÍS!

PERO NOSOTROS HABLÁBAMOS DE LO QUE OCURRE EN LO DEL DENTISTA

¡SUSANITA HA CONTADO TANTAS VECES SU GASTADO CUENTO!...

...Y EL PRÍNCIPE TOMÓ EN SUS BRAZOS A CENICIENTA Y BAILÓ CON ELLA TODA LA NOCHE,...

....LÓ CON ELLA TODA LA NOCHE, ...LÓ CON ELLA TODA LA NOCHE, ...LÓ CON ELLA TODA LA NOCHE, ...LÓ CON ELLA TODA LA NOCHE,

Tic Tic

...HASTA QUE EL RELOJ DIO LAS DOCE; ENTONCES CENICIENTA..........

¡HA CONTADO TANTÍSIMAS VECES SU **RAYADO** CUENTO!...

¿ASÍ QUE ÉSTA ES TU NENA, QUERIDA? ¡QUÉ RICURITA!

¿A QUIÉN QUERÉS MÁS, TESORO, A TU MAMÁ O A TU PAPÁ?

¿USTED QUIERE LA RESPUESTA "STANDARD", O UNA EXPLICACIÓN MÁS COMPLETA DE LO QUE SIENTO POR CADA UNO?

¡LA SOPA ES A LA NIÑEZ LO QUE EL COMUNISMO ES A LA DEMOCRACIA!

ADIÓS, CHICAS

ADIÓS, FELIPE

ESTE FELIPE ES MUY BUENO, ¿NO?

¿ES DE GRAN ACEPTACIÓN EN EUROPA Y ESTADOS UNIDOS?

¿Y ESO?

¿A QUÉ VIENE?

A QUE **NADA** ES BUENO, SI NO ES DE GRAN ACEPTACIÓN EN EUROPA Y ESTADOS UNIDOS

¡NO ES POSIBLE QUE SÓLO TE INTERESE SER MADRE Y AMA DE CASA, SUSANITA!

HOY EN DÍA, LA MUJER ESTÁ LLAMADA A OCUPAR UN LUGAR CADA VEZ MÁS IMPORTANTE

MAÑANA MISMO COMIENZO UN RÉGIMEN CONTRA LA IMPORTANCIA

¡TENGO UN CUENTO GRACIOSÍSIMO!

¡CONTÁLO!

UN SUBMARINO SE SUMERGIÓ, Y BAJÓ TANTO, TANTO, PERO TANTO, QUE LOS PECES SE PREGUNTABAN: "¿SERÁ UN SUBMARINO MONEDA NACIONAL?"

JHÁ-JHÁ JHÁ-JHÁ...

LO QUE PASÁ ES QUE ES DE UN HUMOR MUY PROFUNDO

CUANDO SEA GRANDE, TRABAJARÉ COMO INTÉRPRETE EN LA **UN**

ASÍ CONTRIBUIRÉ A QUE LOS PUEBLOS SE ENTIENDAN

ESTUDIARÉ INGLÉS, RUSO,.....

¡DÍGALE QUE SE VAYA A ☺ ## ※ ⋈ ⁕ ## ᢙᢙ ⁕ ❋ !

E.E.U.U. INTÉRPRETE U.R.S.S.

....Y ALGO DE YUDO, POR LAS DUDAS

VEO QUE SOS BUENA PERDEDORA, SUSANITA

OTROS, CUANDO PIERDEN,.. ¡HAY QUE VER CÓMO SE PONEN!..

¡SÑIG!..

¡MALDITO SEA!... ¡CON LO BIEN QUE ME ESTABA SALIENDO LA HIPOCRESÍA!...

¡MAFALDA, YA NO SOS MÁS LA HIJITA DE UNA MEDIOCRE!

!

¡ESTUDIÉ UNA CARRERA! ¡TENGO UN DIPLOMA!

¡MAMÁ!..¡ANOCHE SOÑÉ QUE TENÍAS UN DIPL.......

?

ANOCHE SOÑÉ QUE MI MAMÁ HABÍA ESTUDIADO UNA CARRERA

¿Y HABÍA IDO A LA FACULTAD, Y TODO?

CLARO

¿Y HABÍA CONSEGUIDO NOVIO, Y TODO?

¿NOVIO? ¡NO!

¿ASÍ QUE HABÍA IDO A LA FACULTAD, Y NADA!

¿VOS SOÑÁS MUY A MENUDO, MANOLITO?

SÍ; JUSTAMENTE ANOCHE TUVE UN SUEÑO

SOÑÉ QUE YO ESTABA EN EL ALMACÉN DE MI PAPÁ; Y VEÍA QUE LOS PRECIOS DE TODA LA MERCADERÍA SUBÍAN, SUBÍAN Y SUBÍAN

¿Y?

Y NADA MÁS

¡PODRÍAS CONSEGUIR LIBRETOS ALGO MÁS ORIGINALES, PARA TUS SUEÑOS!

ME HE ENTERADO QUE TE INTERESA EL TEMA DE LOS SUEÑOS, MAFALDA

LAS OTRAS NOCHES TUVE UN SUEÑO QUE ENFOCABA EL PROBLEMA DE LA SOLEDAD DEL INDIVIDUO

¡SALUTE!

¡SÍ SEÑOR! ¡EL TERRIBLE Y ANGUSTIOSO PROBLEMA DE LA SOLEDAD DEL INDIVIDUO! ¡NO TE EXAGERO!...

BUENO,... TAL VEZ SÍ TE EXAGERO,... PORQUE EN REALIDAD, SOÑÉ CON "EL LLANERO SOLITARIO"

¿LES HE DICHO ALGUNA VEZ QUE CUANDO SEA GRANDE VOY A TENER HIJITOS?

¡NOS LO HAS DICHO MIL VECES!

¡ME ENCANTA HABLAR DEL ASUNTO CON GENTE TAN BIEN INFORMADA!

PAPÁ....

¿HÚH?

NO ME PUEDO DORMIR

CONTÁ OVEJITAS

PAPÁ....

¿MMH?

DECIME,¿VENDERÁN COMPUTADORAS ELECTRÓNICAS EN CUOTAS?

Panel 1: ESCUCHEN ESTO: "EN EL AÑO 1900, LOS HABITANTES DE LA TIERRA SUMABAN MIL SEISCIENTOS MILLONES. EN LA ACTUALIDAD, SOMOS TRES MIL MILLONES,..."

Panel 2: "...Y SE CALCULA QUE EN LOS PRÓXIMOS 30 AÑOS LLEGAREMOS A SER **SIETE MIL MILLONES**."

Panel 4: POR FAVOR, MANOLITO, ¿QUERÉS **NO** ADELANTÁRTE TREINTA AÑOS, Y SACAR TU CODO DE MIS COSTILLAS?

Panel 5: ¿TE HAS ENTERADO, SUSANITA? ¡DENTRO DE TREINTA AÑOS LOS HABITANTES DE LA TIERRA VAMOS A SER SIETE MIL MILLONES!

Panel 6: ¡SANTO DIOS! ¿Y MIS HIJITOS?

Panel 7: ¿TUS HIJITOS, QUÉ?..

Panel 8: ¿CABRA'N?...

¡O SEA QUE, SEGÚN LAS ESTADÍSTICAS, DENTRO DE 30 AÑOS LA POBLACIÓN MUNDIAL SERÁ DE SIETE MIL MILLONES!... ¡DIOS MÍO!

¡ME PREGUNTO CUÁL SERÁ LA SOLUCIÓN A LOS PROBLEMAS QUE VA A ACARREAR SEMEJANTE CANTIDAD DE GENTE!

¿UNA ESCOPETA?...

¡ES HORRIBLE SABER QUE DE AQUÍ A 30 AÑOS EL MUNDO VA A ESTAR SÚPER-REQUETE POBLADO POR SIETE MIL MILLONES DE PERSONAS!

SÍ;... Y PARA ESE ENTONCES VAMOS A TENER LA EDAD QUE TIENEN AHORA NUESTROS PAPÁS

¡¿ASÍ QUE ADEMÁS DE APRETADOS,... ...¡VIEJOS!...

...Y CUANDO LA POBLACIÓN MUNDIAL LLEGUE A SIETEMIL MILLONES VAMOS A VIVIR TODOS APRETADOS COMO PEREJIL EN MACETA!

¡VAMOS, MAFALDA!... ¡NO HAY QUE TOMAR EL ASUNTO TAN A LA TREMENDA!...¡NO ES PROBLEMA LA CANTIDAD DE GENTE!

¡LO ESENCIAL ES QUE NO AUMENTE EL PORCENTAJE DE TONTOS!...¡Y ESO NO TIENE PORQUÉ OCURRIR!

TENÉS RAZÓN FELIPE. NO LO HABÍA PENSADO. ¡GRACIAS POR TRANQUILIZARME!

SE ME OCURRE QUE EL DÍA DE MAÑANA NO VOY A SER MAL PADRE

¡SOPA!

¿POR QUÉ DECÍS MALAS PALABRAS, SUSANITA?

¡POR EL MALDITO ASUNTO DE LA SUPERPOBLACIÓN!

¿¡AHORA VOS, CON ESA CUESTIÓN?!...¿PERO QUÉ DIABLOS TIENE DE MALO QUE DENTRO DE UNOS AÑOS EL MUNDO TENGA MÁS HABITANTES?...¿EH?

¡QUE ENTRE TANTA GENTE, LOS INDIVIDUALISTAS VAMOS A ANDAR DE PARAMALES!

¡TRAIDORA! ¡ME METISTE EN LA CABEZA EL PROBLEMA DE LA SÚPERPOBLACIÓN MUNDIAL, Y AHORA TE DESPREOCUPÁS DEL ASUNTO!

¡QUÉ LATOSA! ¡DIOS MÍO!

221

¡PARA QUE SEPAS: CUANDO EL MUNDO ESTÉ SÚPERPOBLADO VAN A FALTAR LOS ALIMENTOS!

EL DIARIO

ESCASEZ MUNDIAL DE SOPA

TRATOSE EL PROBLEMA EN LA UN

?

¡ÚÚÚÚJHUU!

QUINO

222

¿Y ESE PITO?

¡CON ESTE MALDITO CALOR, TENGO QUE USARLO, POR MI PAPÁ!

¿POR TU PAPÁ? ¿Y QUÉ TIENE QUE VER TU PAPÁ?...

¡PRRRiiP!

¡EL CAMINO!

¡CRECEN MUCHO LAS PLANTAS, CON ESTE MALDITO CALOR!...

MIRÁ, PAPÁ; SE TE HA CAÍDO UNA SEMILLA

223

¿Y ESO DE SEÑALAR CON EL MEÑIQUE? ¿ES UNA NOVEDAD?

Y,.... ME DIO NO SÉ QUÉ SEÑALAR A UNA INOCENTE SEMILLITA CON EL ÍNDICE

¡EL ÍNDICE ESTÁ TAN USADO EN POLÍTICA!......

QUINO

224

REALMENTE, EL ÍNDICE ES UN DEDO FANTÁSTICO

DISCA EL TELÉFONO,..... PASA LAS HOJAS DE LOS LIBROS,....

...HACE CALLAR A LA GENTE,..... OPRIME MUY IMPORTANTES BOTONES,..

QUINO

¡SOS TODO UN EJECUTIVO!

¡ES INCREÍBLE LA IMPORTANCIA DEL DEDO ÍNDICE!

UN PATRÓN PONE SU ÍNDICE ASÍ,....¡Y TRESMIL OBREROS QUEDAN EN LA CALLE!

¡AAAAAH!...

¡ÉSTE DEBE SER EL MALDITO ÍNDICE DE DESOCUPACIÓN CON EL QUE ESCORCHAN TANTO!.

AQUÍ DONDE LO VES, DE UN DEDO COMO ÉSTE, DEPENDE EL DESTINO DE LA HUMANIDAD

BASTA QUE ALGUIEN LO APOYE SOBRE EL BOTÓN DE DISPARO DE UN COHETE NUCLEAR, PARA QUE EL MUNDO SALTE EN PEDAZOS

¿HAY ALGO CAPAZ DE SUPERAR EL PODER DE SEMEJANTE DEDO?

¡UNA PUERTA!

LO MALO DEL DEDO ÍNDICE ES QUE NO SIRVE PARA LLEVAR ANILLO

ADEMÁS, ES ÚTIL PARA DECIR "NO",...

...PERO MIRÁ LO RIDÍCULO QUE RESULTA PARA DECIR "SÍ"

¡NI PARA ANILLO, NI PARA DECIR "SÍ"! ¡NO ES UN DEDO MUY CASAMENTERO, QUE DIGAMOS!...

¡OH!...¡QUÉ PLANTA MÁS DIVINA!...

TU PAPÁ TIENE MUY LINDAS PLANTAS, MAFALDA

SON TODAS DE PLÁSTICO, ¿VERDAD?

DÉME ALGO EFICAZ CONTRA "SHOCKS" HEPÁTICOS

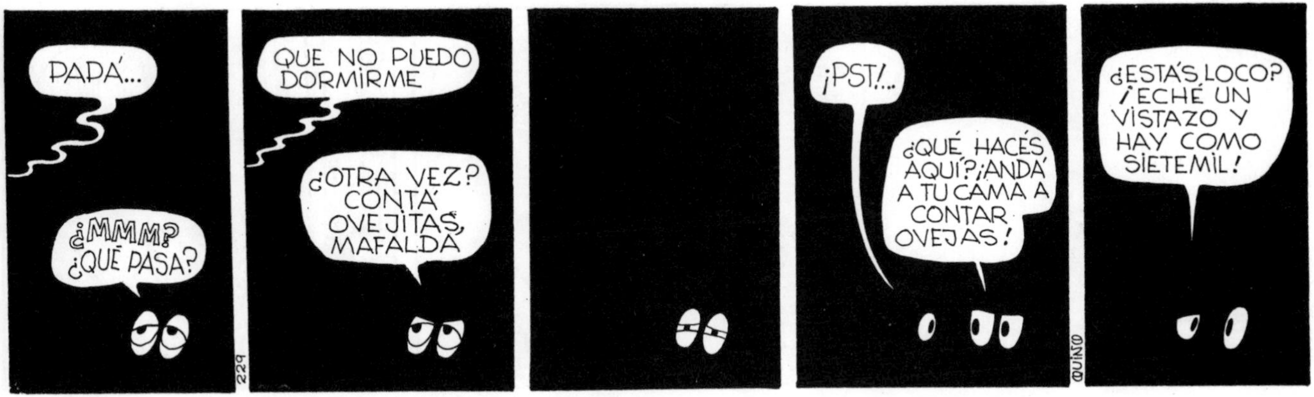
PAPÁ...
¿MMM? ¿QUÉ PASA?
QUE NO PUEDO DORMIRME
¿OTRA VEZ? CONTÁ OVEJITAS, MAFALDA
229
¡PST!...
¿QUÉ HACÉS AQUÍ? ¡ANDÁ A TU CAMA A CONTAR OVEJAS!
QUINO
¿ESTÁS LOCO? ¡ECHÉ UN VISTAZO Y HAY COMO SIETEMIL!

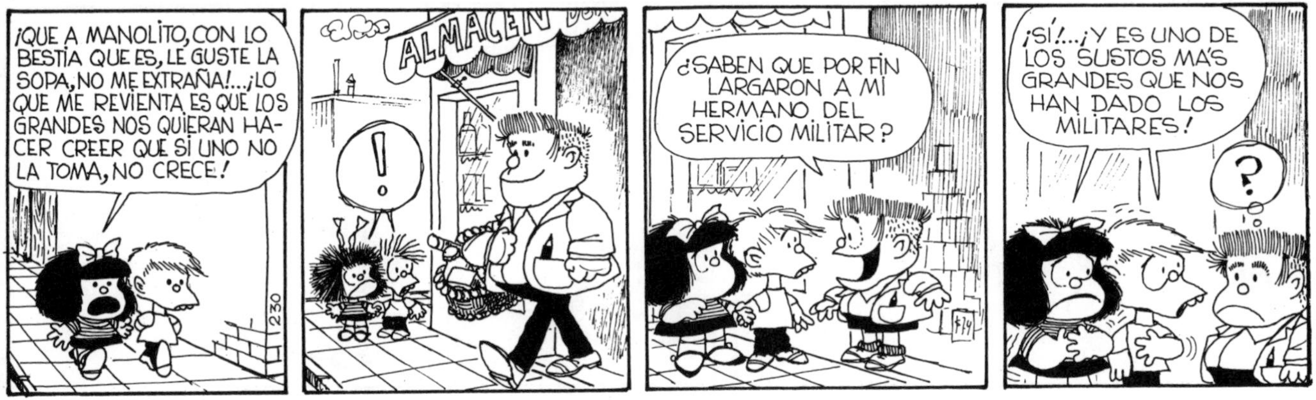
¡QUE A MANOLITO, CON LO BESTIA QUE ES, LE GUSTE LA SOPA, NO ME EXTRAÑA!...¡LO QUE ME REVIENTA ES QUE LOS GRANDES NOS QUIERAN HACER CREER QUE SI UNO NO LA TOMA, NO CRECE!
230
ALMACEN
!
¿SABEN QUE POR FIN LARGARON A MI HERMANO DEL SERVICIO MILITAR?
¡SÍ!...¡Y ES UNO DE LOS SUSTOS MÁS GRANDES QUE NOS HAN DADO LOS MILITARES!
?

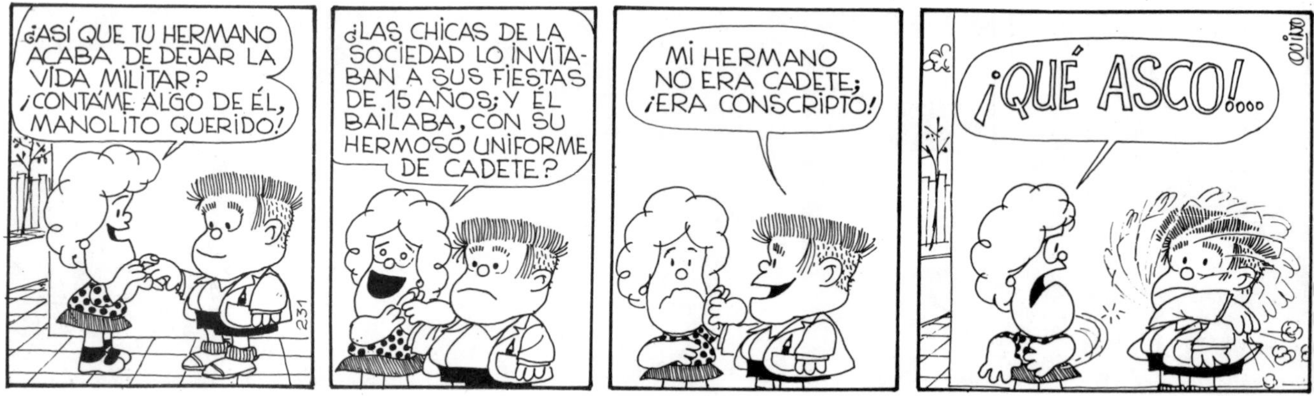

¿ASÍ QUE TU HERMANO ACABA DE DEJAR LA VIDA MILITAR? ¡CONTAME ALGO DE ÉL, MANOLITO QUERIDO!
¿LAS CHICAS DE LA SOCIEDAD LO INVITABAN A SUS FIESTAS DE 15 AÑOS; Y ÉL BAILABA, CON SU HERMOSO UNIFORME DE CADETE?
MI HERMANO NO ERA CADETE; ¡ERA CONSCRIPTO!
¡QUÉ ASCO!....

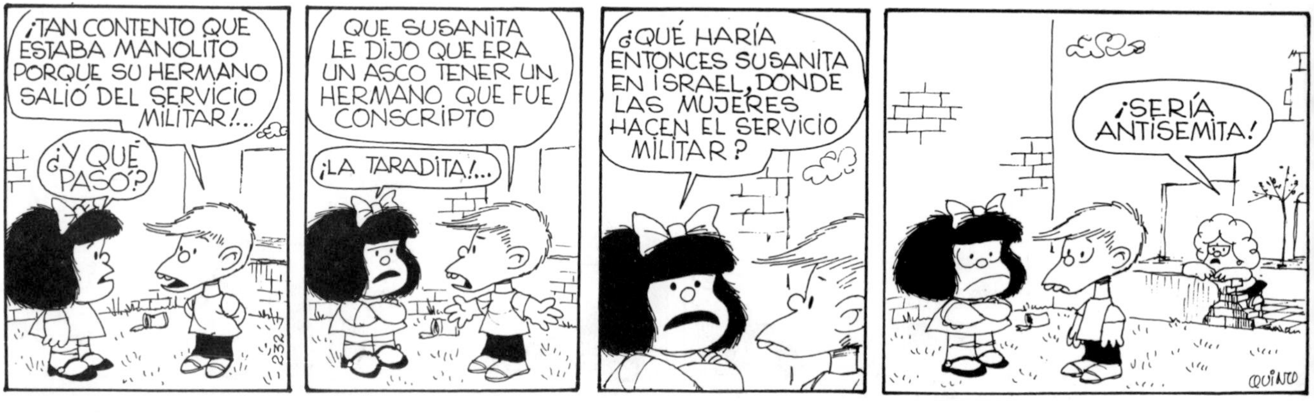

¡TAN CONTENTO QUE ESTABA MANOLITO PORQUE SU HERMANO SALIÓ DEL SERVICIO MILITAR!...
¿Y QUÉ PASÓ?
QUE SUSANITA LE DIJO QUE ERA UN ASCO TENER UN HERMANO QUE FUÉ CONSCRIPTO
¡LA TARADITA!...
¿QUÉ HARÍA ENTONCES SUSANITA EN ISRAEL, DONDE LAS MUJERES HACEN EL SERVICIO MILITAR?
¡SERÍA ANTISEMITA!

PAPÁ, ¿VOS HICISTE EL SERVICIO MILIT......

?

¿EL SERVICIO MILITAR? ¡POR SUPUESTO! ¡NUNCA VOY A OLVIDAR AQUÉLLA VEZ QUE EL CABO SIRACUSSA ME PRIVÓ DE FRANCO POR SALUDAR SIN EL BIRRETE PUESTO!

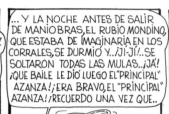

... Y LA NOCHE ANTES DE SALIR DE MANIOBRAS, EL RUBIO MONDINO, QUE ESTABA DE IMAGINARIA EN LOS CORRALES, SE DURMIÓ Y... ¡JI-JI!.. SE SOLTARON TODAS LAS MULAS...¡JA! ¡QUE BAILE LE DIÓ LUEGO EL "PRINCIPAL" AZANZA! ¡ERA BRAVO, EL "PRINCIPAL" AZANZA! ¡RECUERDO UNA VEZ QUE..

¡EL QUE NO ERA MAL TIPO, ERA EL GORDITO PERUZZI! RESULTA QUE UNA VEZ, VA, EL GORDITO PERUZZI A LA GUARDIA Y SE....

HASTA MAÑANA, MAFALDITA

PERDONAME MAMÁ, ¡YO QUÉ SABÍA!...

LA VERDAD,.....ME ATERRA UN POCO PENSAR QUE ALGÚN DÍA TENDRÉ QUE HACER EL SERVICIO MILITAR

¡TE MANDARÉ AL CALABOZO, POR INÚTIL!

LE CONVIENE NO HACERLO, SARGENTO

¡CIELOS!.. "¡EL LLANERO SOLITARIO!"

¿OÍSTE ANOCHE AL IDIOTA QUE NO SÉ A QUÉ HORA, SE PUSO A DAR HURRAS?

NNN...NO, NO

Panel 1: TU HERMANO HABRÁ SIDO BUEN CONSCRIPTO, PERO... ¿QUÉ QUERÉS? ¡A MÍ NO ME GUSTAN LOS CONSCRIPTOS! — NO LE HAGAS CASO, MANOLITO. NOSOTROS TE APOYAMOS—

Panel 2: ¡LOS CONSCRIPTOS SON PELADOS Y FEOS!

Panel 3: ¡AAAAAAAAAAH! ¡CLARO! ¡A ELLA LE GUSTAN ESOS TARADOS PELUDOS DE "LOS BEATLES"!

Panel 4: ¡¡EPA!!...

Panel 5: ¿ASÍ QUE NO TE GUSTAN "LOS BEATLES", MANOLITO? ¡ME LOS NOMBRAN, Y ME DA UNA FIEBRE DE CUARENTA GRADOS!

Panel 6: ¡¿PERO CÓMO?! ¿VOS NO ADMIRÁS A LOS MILLONARIOS?... ¡"LOS BEATLES" **SON** MILLONARIOS!

Panel 7: ¡BUENO!... ¡Y QUÉ!... ¿TE CREES QUE **ESO** CAMBIA EN ALGO MI OPINIÓN SOBRE "LOS BEATLES"? ¿EEEH? ¿QUÉ PASA CON "LOS BEATLES"?

Panel 8: ¡QUE ME LOS NOMBRAN, Y ME DA UNA FIEBRE DE TREINTA Y SIETE GRADOS!

¡SI CREEN QUE ME VAN A GUSTAR "LOS BEATLES" PORQUE SON MILLONARIOS, SE EQUIVOCAN!

237

¡LOS DE WALL-STREET!...¡ÉSOS SON MILLONARIOS! ¡A ÉSOS SÍ LOS ADMIRO!

¡PORQUE "LOS BEATLES" HACEN BAILAR SÓLO A LA JUVENTUD!

¡EN CAMBIO LOS DE WALL-STREET HACEN BAILAR A TODO EL MUNDO!

¡Y SIN GUITARRITAS!

¿DENTRO DE CUÁNTOS DÍAS ES NAVIDAD?

VEAMOS; HOY ES 13 DE DICIEMBRE

238

ASÍ QUE NAVIDAD VIENE A SER DENTRO DE

MÑSB-SSÑM BSST-MÑÑG SSMÑÑBS...

ESTEEE,...DENTRO DE...

¡MALDITO SEA! ¡NECESITARÍA MÁS DEDOS!

¿DENTRO DE?...

¡DENTRO DEL ZAPATO!

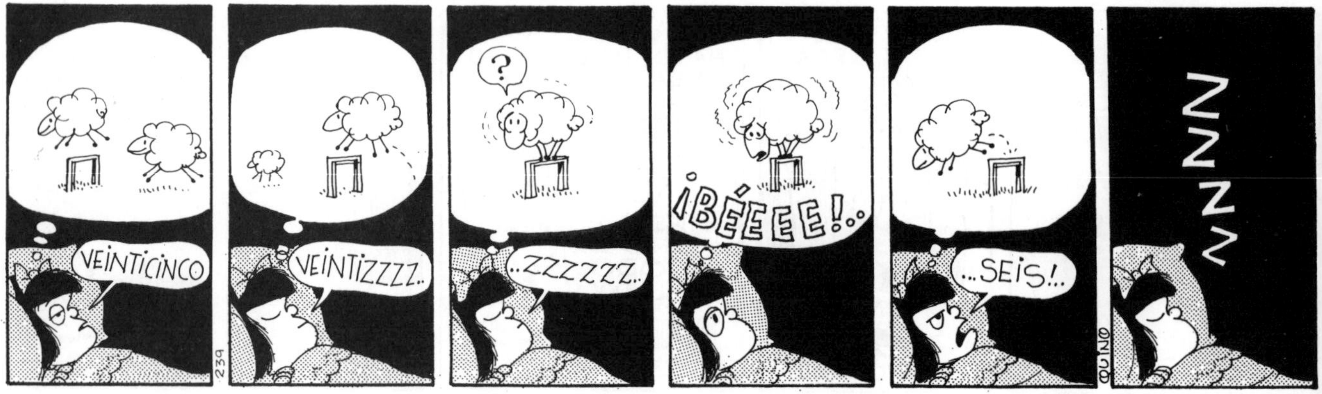
VEINTICINCO
VEINTIZZZZZ..
..ZZZZZZ..
¡BÉEEEE!..
...SEIS!..
ZZZZ
239
QUINO

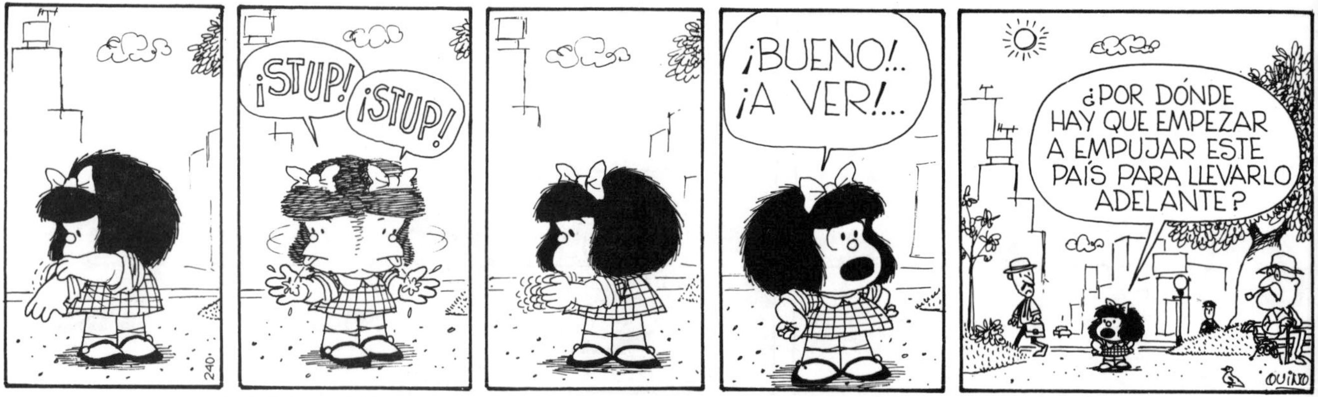
¡STUP!
¡STUP!
¡BUENO!..
¡A VER!...
¿POR DÓNDE HAY QUE EMPEZAR A EMPUJAR ESTE PAÍS PARA LLEVARLO ADELANTE?
240
QUINO

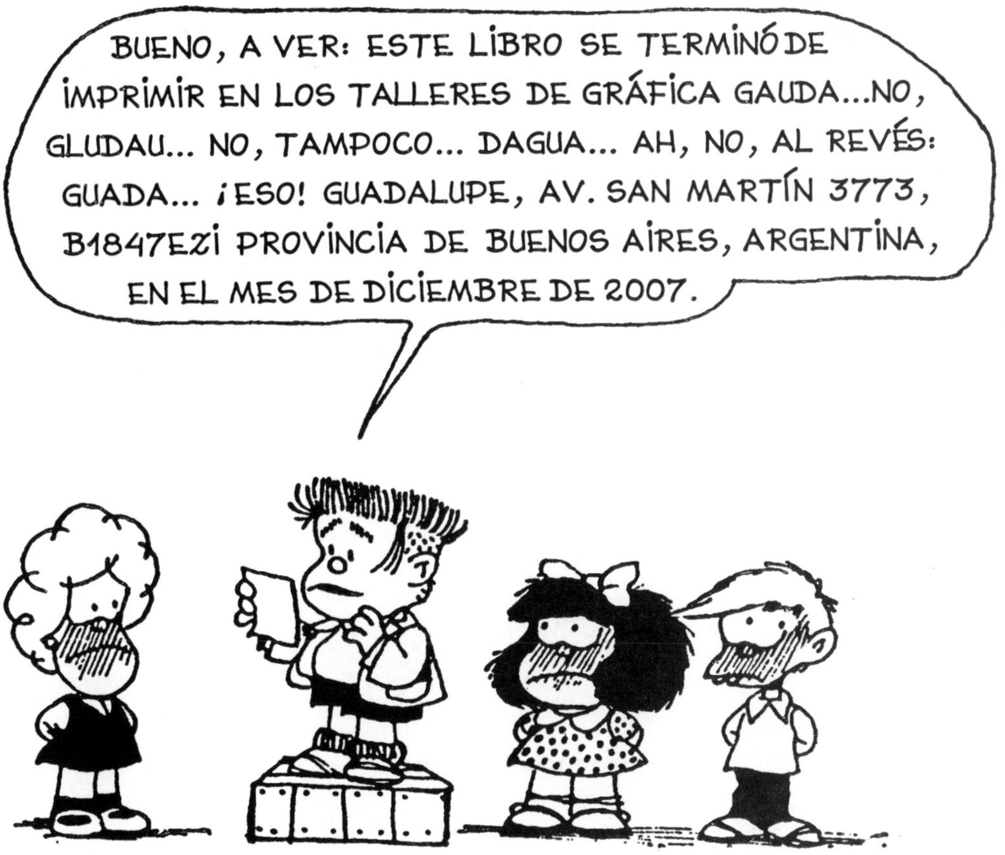
BUENO, A VER: ESTE LIBRO SE TERMINÓ DE IMPRIMIR EN LOS TALLERES DE GRÁFICA GAUDA...NO, GLUDAU... NO, TAMPOCO... DAGUA... AH, NO, AL REVÉS: GUADA... ¡ESO! GUADALUPE, AV. SAN MARTÍN 3773, B1847EZI PROVINCIA DE BUENOS AIRES, ARGENTINA, EN EL MES DE DICIEMBRE DE 2007.

Edición de 10.000 ejenplares.